A BÍBLIA DO ESTILO
O QUE VESTIR PARA O TRABALHO

Lauren A. Rothman

A BÍBLIA DO ESTILO
O QUE VESTIR PARA O TRABALHO

Tradução
Patrícia Azeredo

1ª edição

Rio de Janeiro | 2014

CIP-BRASIL. CATALOGAÇÃO NA PUBLICAÇÃO
SINDICATO NACIONAL DOS EDITORES DE LIVROS, RJ

Rothman, Lauren A.

R754b   A bíblia do estilo / Lauren A. Rothman; tradução: Patrícia Azeredo. - 1. ed. - Rio de Janeiro : BestSeller, 2014.
il.

Tradução de: Style Bible

ISBN 978-85-7684-842-4

1. Moda. 2. Moda - Estilo. I. Título.

14-13052

CDD: 391.2
CDU: 391

Texto revisado segundo o novo Acordo Ortográfico da Língua Portuguesa.

Título original
STYLE BIBLE: WHAT TO WEAR TO WORK
Copyright © 2014 by Lauren A. Rothman
Copyright da tradução © 2014 by Editora Best Seller Ltda.

Publicado originalmente por Bibliomotion, Inc., Brookline, Massachusetts, Estados Unidos.
Publicado mediante acordo com Bibliomotion, Inc.

Capa: Estúdio Insólito
Ilustração de capa: Julie Johnson
Editoração eletrônica: Ilustrarte Design e Produção Editorial

Todos os direitos reservados. Proibida a reprodução,
no todo ou em parte, sem autorização prévia por escrito da editora,
sejam quais forem os meios empregados.

Direitos exclusivos de publicação em língua portuguesa para o Brasil
adquiridos pela
EDITORA BEST SELLER LTDA.
Rua Argentina, 171, parte, São Cristóvão
Rio de Janeiro, RJ – 20921-380
que se reserva a propriedade literária desta tradução

Impresso no Brasil

ISBN 978-85-7684-842-4

Seja um leitor preferencial Record.
Cadastre-se e receba informações sobre nossos lançamentos e nossas promoções.

Atendimento e venda direta ao leitor
mdireto@record.com.br ou (21) 2585-2002

Aos caras mais bem-vestidos da minha vida, Jason e Judah

SUMÁRIO

Introdução		9
1	Estilo é importante	13
2	Moda básica para mulheres	25
3	Moda básica para homens	43
4	Acessórios femininos e masculinos	65
5	Arrumação e preparação	87
6	Decifrando o código de vestimenta do local de trabalho	109
7	Identifique o caimento perfeito para você	133
8	Vasculhe o seu guarda-roupa	159
9	Como comprar sem ser bancado pela empresa	177
10	A vida sob os holofotes	193
Agradecimentos		205
Sobre a autora		207

INTRODUÇÃO

Comprar é um esporte do qual sou ao mesmo tempo treinadora e líder de torcida. Vivi, amei e respirei moda a minha vida inteira. Todas as minhas lembranças incluem a roupa que vestia num determinado momento: eu me lembro de todos os primeiros dias de aula da época da escola pela roupa que estava usando!

Quando criança, eu adorava ver minha mãe se arrumar para o trabalho. Ela personificava minha paixão pela moda e também me deu uma noção de profissionalismo desde muito cedo. Identificar e obedecer aos códigos de vestimenta, especialmente sendo metade cubana e metade americana em Miami, Flórida, foi uma habilidade tão útil que acabou virando profissão. Enquanto ia ao supermercado Publix da Le Jeune Road (cujo código de vestimenta era bem diferente da filial de Kendall) para as compras da semana com a família ou fazia um tour pelas universidades da Nova Inglaterra (que exigia roupas bem diferentes dos tours pelas escolas do Meio-Oeste dos Estados Unidos), sempre dei minhas ideias sobre o que todos deveriam vestir.

Quando entrei no mercado de trabalho, os momentos mais empolgantes sempre giravam em torno das compras para montar um guarda-roupa adequado ao novo estágio ou emprego. Comprei o primeiro terninho na loja BCBG do Pentagon City Mall em 1997, quando morava em Washington, para o estágio de verão no Capitólio. Fiquei apaixonada pelo traje formal exigido pelo mundo corporativo, sentindo um equilíbrio delicado entre feminilidade e poder naquelas pantalonas elegantes, saias pretas e blazers de alfaiataria. Também investi num terninho caramelo e complementei com blusas da Banana Republic compradas em Georgetown, vestidos e acessórios da Joyce Leslie em Nova York e echarpes de vendedores de rua. Repeti e customizei meu modesto guarda-roupa naquele verão e simplesmente adorei o desafio. Na verdade, essas peças básicas reapareceram durante a preparação para a jornada que me levou ao famoso armário da revista *Elle* e às butiques de luxo no distrito da moda de Tel Aviv. Meus clientes podem confirmar que a minha filosofia de combinar peças caras e baratas não mudou muito!

É uma honra e um privilégio que tantos clientes tenham aberto as portas dos armários e de suas vidas para mim. Visto homens e mulheres profissionalmente há dez anos e pude expandir a noção de estilo de centenas de pessoas, guiando-as pelo mundo da moda. Trabalhando diretamente com indivíduos e apresentando seminários sobre estilo em empresas que estão na lista das quinhentas maiores da revista *Fortune* pela minha empresa de consultoria de moda, Styleauteur, aprendi a estimular as pessoas a assumirem o compromisso de se vestir melhor. Podemos até não gostar, mas todos nós somos julgados pela imagem que passamos. Dos colegas aos chefes, todo mundo tem uma opinião a nosso respeito.

Como costumo dizer na "Fashion Whip", minha coluna sobre moda e política no *Huffington Post*, é importante que se discuta uma das formas mais comuns de comunicação não verbal: as roupas! Quando você é bem-sucedido, deve parecer bem-sucedido, e este livro vai definir um "visual de sucesso" customizável. Há uma grande probabilidade de eu já ter ajudado alguém com um biotipo, peso e emprego parecidos com os seus. Seja em rede nacional de televisão nos Estados Unidos, ao discutir por que é uma demonstração de força para as mulheres quando Michelle Obama deixa os braços à mostra, ou num programa de rádio, falando sobre a importância de aumentar o seu coeficiente de estilo, dou dicas e conto histórias que ajudam as pessoas comuns na difícil tarefa de gerenciar a própria aparência.

A bíblia do estilo é um manual descomplicado para o profissional moderno. Nossa cultura chegou a um estado de indiferença no que diz respeito ao estilo e à aparência. Líderes atuais e futuros estão perdendo a oportunidade de saber como a sensação de "se vestir bem" pode ser boa e de saber o impacto que um estilo excepcional pode ter na comunicação. A sua aparência no trabalho deve ser profissional. O que aconteceu com a ideia de ser refinado? Este livro toma uma atitude sobre este assunto e ajuda você a se vestir bem.

Você pode até não querer ir trabalhar num determinado dia, mas a verdade é que, exceto pelos dias de folga que tiramos de vez em quando para espairecer, a maioria de nós precisa trabalhar. E já que você é obrigado a seguir um determinado padrão, é melhor fazer isso corretamente. Tenha orgulho de se vestir para impressionar e sempre se vista para o emprego que deseja, não apenas para o trabalho fabuloso que você já tem!

Introdução

A bíblia do estilo vai ajudar todos que convivem num ambiente de trabalho, do estagiário ao CEO, das mães dedicadas até a diva da sala de reuniões. O seu estilo de se vestir pode indicar ocupação, renda, classe social, etnia e religião, além de atitude em relação ao conforto e nível de confiança. É possível que apenas uma peça diga quem você é de acordo com algum desses critérios (ou todos), então é preciso escolher o traje ou acessório apropriado em qualquer ocasião. Roupas e estilo transmitem uma mensagem e são fundamentais para comunicar algo ao seu público através do visual.

Vestir-se para trabalhar não exige seguir tantas fórmulas nos dias de hoje, havendo mais espaço para que os funcionários expressem sua individualidade. É possível virar uma pessoa de destaque nos negócios passando autoridade e seriedade com abotoaduras interessantes, um colar de destaque ou sapatos divertidos que deixarão o seu visual autêntico. O executivo vestido de modo casual é uma figura nova na sociedade, e precisamos definir e entender melhor os códigos de vestimenta de modo que eles nos guiem nestes tempos de incerteza.

O que o seu estilo fala sobre você no trabalho? Talvez a percepção que os outros têm de você seja completamente diferente da realidade, e você quer ter controle sobre a mensagem que está passando. Você parece acessível e amigável ou jovem e inexperiente? Profissional e simples ou apenas desarrumado? Bem-vestido ou excessivamente estiloso?

Chegar a um estilo próprio é um processo. Nem sempre vou dizer o que você deve fazer (embora alguns clientes fossem adorar isso!), mas vou ajudar a ouvir a sua voz interior e alcançar seus objetivos. As pessoas querem instruções e também querem ter boa aparência. Eu transformo a educação para o estilo e a moda em algo fácil, motivador e que economiza o seu tempo. Também conscientizo sobre assuntos totalmente ignorados: você está usando o tamanho certo para o seu biotipo? O seu espaço é organizado de modo eficiente para que você consiga se vestir bem? Você relaxou na aparência porque é complicado demais decidir o que lhe cai bem?

Por mais que eu adore a moda, as tendências e até as manias passageiras, meu conselho aos clientes se baseia em combinações testadas e aprovadas nos ambientes de trabalho. Entrevistei vários executivos, profissionais de recursos humanos e integrantes da alta gerência em diversas empresas e aprendi o que é um estilo de sucesso para eles. É isso que ensino aos meus clientes, não importa se têm 25 ou 65 anos, e o que falo neste livro. Minhas lições não ensinam a fazer parte da legião dos que seguem as tendências; os princípios que forneço aqui apenas garantem que você não seja conhecido por ser muito mal-arrumado, muito velho, muito jovem ou dar a impressão de que não se importa com a aparência.

O quociente de estilo é sempre a parte mais difícil no processo de se vestir bem, mas o mais importante mesmo é ser alinhado e adequado ao ambiente. E só de escolher este livro você já demonstra vontade de aprender. No Capítulo 1, mostraremos por que o estilo é importante. Em seguida, nos Capítulos 2 até o 5, vamos repassar o básico em relação a moda e acessórios, bem como hábitos de beleza e higiene pessoal. O Capítulo 6 identifica e define os códigos de vestimenta em várias regiões e áreas de trabalho. Os Capítulos 7 a 9 são os prediletos de vários clientes meus: você vai aprender o que é um caimento adequado, as melhores práticas para montar um guarda-roupa, além de receber dicas de compras. Por fim, jogamos o holofote em você e discutimos a importância da aparência neste mundo hiperconectado, on-line e movido pelo social.

Este livro segue a mesma sequência orgânica utilizada nas minhas apresentações, podendo ser lido na ordem ou em partes, em uma consulta pontual. Os conselhos individuais são tão úteis quanto o todo. Homens e mulheres têm algumas seções separadas, mas a maioria dos conselhos gerais se aplica a ambos os gêneros.

O obstáculo mais difícil ao ajustar o seu tipo de corpo ao estilo no provador é a sua própria mentalidade. Meus clientes geralmente acham que o mais difícil é entrar num vestido ou calça. Na verdade, o mais difícil para eles é ver o mesmo que eu e perceber que estão incríveis! Espero que as histórias ao longo do livro inspirem momentos de transformação. Para proteger a privacidade dos meus clientes, algumas das histórias se baseiam em experiências recorrentes que tive enquanto montava minha empresa, não em pessoas específicas. Observe também que não recebi qualquer pagamento das lojas ou marcas aqui mencionadas, são apenas varejistas nos quais acredito e faço compras com clientes há anos. Vestir as pessoas para o trabalho é a área mais arriscada da moda e tive o prazer de ver a conscientização de estilo evoluir até nos meus clientes menos afeitos a riscos. Pode parecer ilógico, mas a parte mais difícil deste processo consiste em ajudar as pessoas a entenderem o que funciona para elas e a mais fácil é injetar estilo nelas. Sendo assim, que comecem as lições!

1

ESTILO É IMPORTANTE

A primeira impressão se forma em menos de cinco segundos. Você usa as joias combinando? Antiquada! Sempre escolhe sapatos confortáveis que não combinam com o resto do visual? Velha! Tem uma mancha ou um buraco na roupa e acha que ninguém vai notar? Relaxada! Acha que não tem problema ir de chinelos ao trabalho? Jovem! Mimada!

Você pensa que isso não se aplica ao seu caso ou que não precisa de ajuda? O tempo de que dispõe para fazer alguém pensar que você é a pessoa certa para o trabalho passa num revirar de olhos. Seus cinco segundos podem acontecer no caminho para a entrevista, quando passar casualmente por alguém no saguão ou ao entrar na sala de reuniões para aquela reunião importante. No mundo dos negócios, as roupas são a armadura que ajudam a passar uma mensagem de força.

Você pode até ter sua parcela de culpa por já ter lançado um "olhar de elevador" para um candidato, avaliando rapidamente uma pessoa de cima para baixo e analisando cada parte do visual dela: "Preciso perguntar onde ela comprou esses sapatos!", "O cabelo parece um ninho de passarinho!", "Será que isso é da nova coleção que acabou de sair na Target?". Todos nós recebemos (e lançamos) olhares de julgamento o tempo todo, conscientemente ou não. E embora você possa pensar que as mulheres são mais propensas a fazer esse tipo de avaliação, saiba que os homens também notam esses detalhes.

A primeira impressão é a base para possibilidades futuras. Controle a sua imagem: ela é definida por você. Olhe-se num espelho de corpo inteiro ao se vestir e veja a si mesma como o mundo a vê: a saia está curta demais? A calça está amassada? Note o equívoco antes dos outros. Qual imagem você passa? É a imagem que deseja? A vida não é um ensaio, então apresente-se de forma apropriada e seja pontual da primeira vez. Uma vida profissional é cheia de primeiras impressões, e a comunicação não verbal tem um impacto forte e duradouro. Como dizem por aí: "Vista-se para o emprego que deseja, não só para o emprego que você já tem."

Ter um guarda-roupa que combine com a profissão é importante. Não deixe as roupas atrapalharem suas conquistas. Se você já alcançou o sucesso, então vista-se de acordo com ele! Não deixe o pré-adolescente desajeitado que existe em você abalar a sua confiança. Não precisamos desse tipo de autossabotagem no caminho para o sucesso. Conheci várias mulheres muito bem-sucedidas que me procuraram usando roupas de vinte anos atrás e que não lhes caíam bem. Todos nós ficamos perdidos nos momentos de transição que enfrentamos ao longo da vida. Nesse caso, volte ao espelho e dê uma segunda olhada.

Se você quer ou precisa, contrate alguém para ajudar a definir sua imagem ou apenas dedique um tempo a reencontrar no espelho a pessoa de quem você se lembra. Conselhos profissionais podem ser úteis para desenvolver o seu estilo: identificar o corte de cabelo certo e achar um estilo que seja tanto fácil de manter quanto elegante vai lhe dar força. Maquiadores profissionais podem ensinar a disfarçar manchas e a realçar a pele com as cores e produtos certos, deixando você mais jovem. Quando investir no desenvolvimento do próprio estilo, encontre os especialistas que possam lhe ajudar. Alguns dos melhores elogios que já recebi são de clientes que nada entendem de moda e que imaginam que as sessões comigo sejam como ir ao dentista: algo chato, porém necessário para a saúde profissional. Alguns anos depois, essas mesmas pessoas se tornam viciadas em moda e se dão de presente de aniversário uma saída para compras comigo em vez de uma massagem. Essas parcerias incríveis com homens e mulheres de todas as profissões ajudaram a traçar o meu caminho e me levaram a escrever este livro.

No outro extremo, quem está começando agora não têm a menor desculpa para ser negligente. Ter um ótimo estilo não significa gastar muito. As cadeias de fast-fashion e lojas de departamento deixaram as roupas para trabalhar bastante acessíveis. Todos precisam cuidar da própria imagem. Aproveite os materiais gratuitos disponíveis na internet e visite as lojas de que gosta para assistir a palestras e seminários de especialistas em moda. Os shoppings são meus lugares favoritos: eu poderia montar uma barraca, acampar por lá e nunca mais sair! Num bom shopping você pode comprar tudo o que precisa da cabeça aos pés (para todo tipo de orçamento), comer lanches deliciosos (é fácil me encontrar nas filiais do Nordstrom Ebars pelos Estados Unidos) e de quebra fazer as unhas ou uma escova.

Minha filosofia de estilo é simples: você merece se importar com a aparência. Não é uma frivolidade se olhar no espelho e confirmar que as roupas que está vestindo realmente lhe caem bem e ficam bonitas. As roupas são uma forma poderosa de comunicação a qual todos têm acesso, então use-as para transmitir confiança, autoestima saudável e profissionalismo. Tive a sorte de ajudar a criar a imagem de muita gente — políticos importantes, soldados feridos voltando para casa, estudantes universitários em busca do primeiro emprego, executivos veteranos no caminho para o sucesso, gurus de TI da geração Y e CEOs —, mas o meu conceito principal não muda: estilo é importante.

O estilo é tão importante quanto o conteúdo. Você está se vestindo passivamente? Quando chegar ao trabalho todos os dias, tenha consciência de que o seu traje não aconteceu por acaso. Suas roupas não apareceram magicamente no armário pelas mãos de algum gênio da lâmpada. Você escolhe o que vestir todos os dias. Isso significa que experimentou aquela roupa num provador de loja, pagou, trouxe para casa, pendurou no armário e decidiu usá-la para trabalhar. Como todas essas etapas estão nas suas mãos, a responsabilidade pela sua aparência no trabalho é sua. Não houve influência de mais ninguém, pelo menos não em todas as partes desse processo. Domine a sua imagem do mesmo jeito que domina o seu trabalho.

Presença executiva

Esta é uma qualidade fundamental da liderança. Os verdadeiros líderes exalam uma presença de autoridade, construída à base de autoconfiança e uma ótima aparência que transmite autoridade assim que entram num recinto. Líderes com presença executiva não necessariamente são os mais ousados em termos de moda, mas têm carisma. O estilo único deles indica uma atenção geral à aparência, com cabelos, unhas e dentes bem-cuidados, além do visual refinado. A presença executiva engloba conteúdo (você é um especialista conceituado em sua área), segurança (a linguagem corporal, expressões faciais e postura mostram que você está à vontade) e habilidade tanto para falar com o público quanto para ouvi-lo, além da aparência e estilo pessoal atraentes. Um líder que exala esse tipo de presença transmite entusiasmo e empolgação e destaca-se na multidão, fazendo contato visual e comunicando-se de modo eficaz.

A presença executiva é vista como a personificação do potencial de liderança e a forma de se vestir, bem como a forma de manter o visual, é parte importantíssima dessa presença. Ambos são fundamentais para o reconhecimento e o progresso na carreira. Uma frustração comum que ouço de clientes, muitos dos quais têm várias dessas qualidades, é a de ser preterido numa promoção. A questão mais difícil de abordar nas conversas com eles é

Estilo é importante

a aparência, pois alguns não reconhecem a importância dela, enquanto outros acham tudo confuso demais. Já ouvi de gerentes sêniores que uma pessoa de aparência péssima será considerada como tal. Roupas com caimento ruim ou manchadas, assim como arquivos desorganizados ou um escritório bagunçado passam a impressão de que a pessoa é desatenta aos detalhes, que não é uma característica adequada a um verdadeiro líder ou alguém em busca de promoção.

Um dos meus clientes, Frank, pediu ajuda porque precisava comprar um terno para o casamento do chefe. A festa seria no Caribe e ele estava confuso quanto ao código de vestimenta "casual resort", especialmente considerando que colegas de trabalho e diretores também estariam lá. Ele e a esposa, Lisa, estavam animados com a viagem e aproveitariam a oportunidade para curtir férias muito necessárias. Como eles tinham um filho de um ano em casa, estavam prontos para um raro fim de semana de noites bem-dormidas.

Encontrei para Frank um fabuloso blazer de linho marinho que combinava com calça social caramelo (o modelo mais justo foi crucial para o físico esguio dele) e camisa xadrez azul-clara, que seria usada com cinto e sapato marrons, além do lenço de bolso num tom de azul mais escuro para contrastar com a camisa. Pronto: Frank estava maravilhoso! Tão maravilhoso que não só recebeu vários elogios como um sócio da firma brincou que se ele se vestisse assim sempre (leia-se: estiloso e elegante, em vez de "casual resort"), seria convidado para mais reuniões. Frank, um nerd assumido, ficou até um pouco chocado.

Qualquer pessoa na situação dele precisa se superar. Se realmente quer investir no futuro e buscar ativamente uma promoção, não pode apenas deixar seu trabalho falar por si. Os Franks do mundo precisam da roupa certa para o cargo, pois terão maior probabilidade de serem convidados em cima da hora para reuniões com clientes ou com a alta gerência se os chefes souberem que eles podem representar positivamente a empresa. Se parecer elegante ajuda a ter um lugar na mesa de reuniões, então se olhe no espelho antes de sair de casa. É simples assim. Você realmente deveria ir a uma reunião importante vestindo camisa amarrotada, calça manchada e sapatos gastos?

"Você tem um espelho de corpo inteiro em que se olha antes de sair de casa?" Faço essa pergunta em todos os meus seminários e por mais surpreendente que possa parecer apenas uma pequena parte dos participantes levanta a mão. Inaceitável! Não sou rígida quanto a diretrizes de moda, geralmente dou o benefício da dúvida a quem comete gafes no visual, mas você vai ter que fazer um mínimo de esforço. Ouvi todas as desculpas do mundo: "vou me preocupar com isso quando perder cinco quilos", "quando eu tiver um aumento", "quando não tiver filhos correndo pela casa", mas a realidade é que todo mundo está ocupado demais para se preocupar com a aparência no trabalho até surgir algum problema. Se você não se olhar num espelho de corpo inteiro, como poderá se ver do mesmo jeito que os outros o veem?

Frank ia trabalhar todos os dias parecendo tão cansado quanto realmente estava. Os colegas pensavam: "o bebê não deve estar dormindo a noite toda, coitado", enquanto Frank achava que as mangas arregaçadas eram um "sinal" que mostrava aos colegas o quanto ele estava se matando de trabalhar em sua mesa. Essas interpretações completamente diferentes mostram que a percepção nem sempre está de acordo com a realidade. A filosofia de estilo de Frank era parecer um cara que trabalha muito, por isso desprezava um visual bemalinhado em prol de uma aparência meio desleixada e mal-ajambrada, estilo Ron Paul na campanha à presidência dos Estados Unidos em 2012. Porém, ele precisava da aprovação dos sócios da empresa (que se vestem em termos de alfaiataria) e não do norte-americano comum. Para garantir o sucesso no futuro, ele precisava adequar a aparência ao seu público-alvo.

Trabalhei com mais de cinquenta empresas, avaliando reclamações sobre estilo e andando pelos escritórios com os diretores para poder entender as infrações mais comuns identificadas por eles no ambiente de trabalho. Decifro e atualizo os códigos de vestimenta, ajudando as empresas a entendê-los e implementá-los de modo eficaz. Em quase todas as áreas, o desafio da diretoria em relação às roupas dos funcionários dificilmente é uma questão de gosto pessoal, e sim da falta de entendimento por parte de vários funcionários quanto à imagem profissional e o impacto que suas escolhas em termos de estilo têm na marca da empresa. As reclamações variam dos funcionários que chegam ao escritório vestidos para uma faxina de fim de semana a outros que parecem não ter noção de que suas roupas estão apertadas, curtas ou transparentes demais para o ambiente de trabalho. A escolha inadequada de roupa pode não render uma bronca pública, mas definitivamente vai prejudicar a ascensão na carreira. Para ser levado a sério, é preciso criar expectativas mais altas para si mesmo.

Podemos sofrer punição se não seguirmos os códigos de vestimenta. Eles ajudam a entender a cultura da empresa e dão limites em termos de estilo. Se

Estilo é importante

você trabalha em áreas criativas, como relações públicas, moda ou novas mídias, esses limites podem ser flexíveis, permitindo ousar um pouco mais e seguir tendências da moda, pois a aparência externa é um reflexo do seu interior. Se, por outro lado, você trabalha num ambiente mais tradicional, como bancos, consultoria, contabilidade ou é funcionário público, o nível de elegância vai destacá-lo. Caso o seu estilo seja contido pelo conservadorismo da empresa em que trabalha, tente direcionar o amor pela ousadia para os acessórios.

Escolas, o Exército e até lojas costumam pedir aos alunos e funcionários que sigam um código de vestimenta uniforme, criando embaixadores vivos da marca dentro e fora da empresa. O primeiro emprego me ensinou a canalizar o poder da imagem profissional. Eu trabalhava na BrainReserve da CEO Faith Popcorn, uma consultoria de marketing futurista em Nova York, onde terninhos (ou *tailleurs*) pretos e broches combinando (pareciam um planeta e podíamos escolher a cor) eram o padrão sempre que saíamos para encontrar clientes ou quando recepcionávamos alguém na empresa. Embora esse uniforme pudesse ser visto como uma limitação na liberdade de estilo, Faith tinha uma visão: cinco pessoas vindo na sua direção com poderosos ternos pretos e broches de lapela iguais exalavam uma seriedade que estimulava os clientes a pagar por serviços bastante específicos de previsão de tendências. Quando uma empresa cria um código de vestimenta, revela muito sobre a sua cultura. Mais do que uma simples política, o código é reflexo das pessoas que trabalham lá e ao mesmo tempo inspiração para elas. Um código de vestimenta bem-escrito pode aumentar o moral e estimular o orgulho corporativo.

No fim das contas, Frank percebeu a desvantagem de estar sempre com uma aparência desleixada no trabalho. Mesmo sendo talentoso e motivado, deixou de ser promovido mais de uma vez. Ele ainda pode não se importar com a moda em si, mas aprendeu que a imagem importa. Um pouco de terapia de moda o ajudou muito, e ele agora entende como é importante não deixar os outros acreditarem que ele não se importa ou que não está feliz por trabalhar lá (até porque ele adora o emprego). Frank pode não ter contratado um especialista para ajudá-lo a se vestir no dia a dia, mas admite que ficou paralisado quando precisou de roupa para o casamento do chefe. Juntos, nós criamos um estilo personalizado e acessível dentro do tempo e do orçamento dele que os colegas passaram a respeitar e até admirar: ternos escuros de alfaiataria, ótimo caimento e que não precisam ser passados (a maior vantagem de todas) com sapatos bem-engraxados. Nada de mais, mas o ajudou a conquistar uma promoção em menos de um ano.

A moda é uma língua estrangeira

A moda tem seu próprio idioma e, como acontece com qualquer língua, tem coloquialismos que você precisa aprender. (A última coisa que quer quando está praticando um novo idioma é pedir uma Coca Diet e ser direcionado ao banheiro.) A roupa fala, queira você ou não, mandando mensagens para os seus colegas sobre o lugar de onde está vindo (faculdade ou escritório de advocacia) e para onde quer ir (escritório principal ou sala da xerox).

Este livro vai ajudá-lo a ficar fluente em moda. É um idioma que falo desde que pronunciei a minha primeira palavra, *agua*, em frente à Neiman Marcus do shopping Bal Harbor em Miami, Flórida. Sempre corri atrás das tendências, brinquei com estilos e ajudei as pessoas a fazerem desses conceitos algo relevante na vida. Muitos executivos sêniores e clientes de alto nível com quem trabalho não amam moda ou roupas, mas gostam dos benefícios de uma imagem positiva: confiança e oportunidades de liderança que rendem votos, vendas de livros, promoções, mais fãs, uma mesa maior e até sucesso na vida pessoal.

É claro que eu não gostaria de ver uma cliente se vestindo apenas para impressionar outra pessoa, pois o visual acabaria soando falso. Em Hollywood é normal usar saltos de 15 centímetros para os paparazzi fazerem suas fotos enquanto as celebridades de primeira linha saem do carro para alguma boate. Na vida real, nossos sapatos precisam continuar andando e, embora eu abomine usar a palavra "práticos" para me referir a eles, sem dúvida aprovo a combinação de estilo com conforto. Os dois podem muito bem coexistir.

Para gerenciar sua imagem e estilo no trabalho, é preciso criar uma mensagem de marca pessoal. Afinal, você é um outdoor ambulante da sua própria marca (ter boa postura ajuda!) e a comunicação não verbal o ajuda a destacar o que tem de melhor a oferecer. No fim das contas, a mensagem produzida por você deve ser considerada moderna e profissional. Fique longe de mensagens que atrapalhem, como jovem demais, velho demais, sexy demais, relaxado ou cansado. Mantenha uma rotina de cuidados com a pele e os cabelos que não atrapalhe a sua imagem e um guarda-roupa que sinalize uma força modesta. A parte mais difícil desse processo é identificar o estilo pessoal e torná-lo relevante e adequado ao seu local de trabalho. Os estilos de que você gosta e os que funcionam para você nem sempre são iguais. Por exemplo, você pode adorar botas de caubói com terno, mas isso não significa que deva usá-las, a menos que ajude a conquistar votos. Contudo, são poucos os empregos nos quais um estilo marcante e personalizado como esse poderia criar um burburinho positivo. Na maioria das empresas, isso vai apenas passar a mensagem errada. Usar gravata de caubói numa entrevista não é adequado na maioria das empresas, mesmo se o acessório for *a sua cara*. Você até pode ter um pouco de personalidade no visual, mas só em algum detalhe mínimo: meias de cores berrantes, um lenço de bolso ou, para as mulheres, apenas uma joia marcante.

Geralmente nos vestimos sem chegar perto do espelho, apenas imaginando que seremos percebidos de uma determinada forma. Por exemplo, você pode pensar: "Este blazer vermelho é poderoso" ou, se estiver indo para uma situação formal de negócios, pode imaginar que automaticamente terá garantido o mesmo status do restante por estar de terno. Contudo, se o seu traje não tiver um bom caimento ou parecer estranho, não vai funcionar. A nossa percepção sobre a própria aparência nem sempre combina com o que os outros veem.

Você se lembra de como era se vestir para os momentos importantes? Primeiro dia de aula, primeiro evento formal, primeira entrevista de estágio? Consegue se recordar do frio na barriga e do cuidado especial que tomou para fazer tudo certinho? É importante continuar a ter este mesmo cuidado todos os dias. Um exercício que costumo fazer nos meus seminários de estilo é a câmera oculta da moda, escondida por 24 horas. Enquanto muitos usam as melhores roupas nos dias que vou visitar a empresa, às vezes consigo pegar o pessoal de surpresa. O exercício funciona assim: imagine que haja uma câmera no escritório filmando você o dia inteiro, todos os dias. Você ficaria feliz com o que as suas roupas e sua linguagem corporal dizem a seu respeito? Veja algumas cenas que observei em escritórios quando as pessoas pensam que ninguém está olhando (ou quando simplesmente não estão nem aí para isso): calcinha fio dental aparecendo, pneuzinhos à mostra, moças sem suéter e com blusa de alcinha rendada e transparente, decote exagerado e pessoas cruzando e descruzando as pernas nas respectivas cadeiras deixando à mostra o que não devem. Depois de reveladas, essas gafes são fáceis de evitar: basta tirar um tempinho em casa para se vestir adequadamente. Aprender o idioma da moda não é difícil quando você segue o passo a passo. O primeiro passo é aprender a manter uma imagem adequada para o seu biotipo e o código de vestimenta do seu local de trabalho, enquanto o segundo é jogar um pouco de estilo nessa imagem.

Considerações finais

As empresas se importam com a imagem que transmitem e, como funcionário, as suas escolhas em termos de roupas refletem nessa imagem, para o bem ou para o mal. É sua responsabilidade interpretar adequadamente o código de vestimenta da empresa.

Assuma o controle e gerencie seu visual. Se eu pudesse escrever prazos de validade nas etiquetas de roupas e itens de maquiagem, meus clientes ficariam muito mais felizes. É mais fácil saber quando a rúcula estragou do que quando o seu rímel já não está mais próprio para uso... Por isso, crie uma rotina que faça você parecer perfeitamente profissional.

MULHERES: DEZ ERROS A SEREM EVITADOS NO ESCRITÓRIO

1. Não deixe à mostra alças fininhas de regata, alças de sutiã ou um decote exagerado.
2. Não deixe a calcinha ficar marcada por baixo da roupa.
3. Evite exibir a barriga ou os pneuzinhos.
4. Não use roupas transparentes, apertadas, que deixem as costas de fora, estilo tomara que caia ou reveladoras de modo geral.
5. Não use roupas manchadas, rasgadas ou gastas.
6. Evite roupas amarrotadas ou de caimento ruim.
7. Não use legging ou calças de ioga.
8. Não use chinelos de dedo, botas Ugg, Crocs e nem botas de caubói.
9. Evite unhas descascadas ou sujas, pernas não depiladas e cheiro de suor.
10. Evite maquiagem pesada e cabelo com frizz ou despenteado.

HOMENS: DEZ ERROS A SEREM EVITADOS NO ESCRITÓRIO

1. Não use roupas manchadas, rasgadas ou gastas.
2. Evite roupas amarrotadas ou de caimento ruim.
3. Fique longe de gravatas ou acessórios berrantes e evite mostrar marcas.
4. Não use chinelos de dedo, sandálias ou Crocs.
5. Engraxe os sapatos.
6. Use hidratante para evitar a pele seca ou rachada.
7. Evite cabelo com caspa ou despenteado.
8. Tenha cuidado com pelos faciais esquisitos.
9. Tome medidas adequadas para evitar o cheiro de suor.
10. Não se exponha demais: cubra tatuagens e piercings incomuns.

2

MODA BÁSICA PARA MULHERES

Meu local favorito para observar as pessoas é no ambiente corporativo. Vejo homens e mulheres desfilarem pelo que chamo de "passarela do escritório". Eles vão para a copa ou almoxarifado, batem papo com os colegas nas baias ou corredores, entram nas salas de reunião ou visitam o chefe no escritório principal. Já estive em diversas empresas e observei uma lacuna na nossa educação no que diz respeito ao que é adequado usar no trabalho. Sabemos que existem regras, expectativas e até conhecemos algumas, mas não temos certeza de como aplicá-las. Nosso guarda-roupa contém a armadura que envergamos para enfrentar o mundo, seja numa reunião importante ou num almoço com os colegas mais próximos. Às vezes, esses dois tipos de evento trazem à tona nossas inseguranças.

As mulheres na faixa dos vinte anos têm tempo para comprar, mas costumam ter menos dinheiro. Já as que estão na casa dos trinta vivem as dificuldades para encontrar equilíbrio em sua vida, e as compras podem ser mais um obstáculo. Muitas mulheres não param para respirar ou para buscar conselhos sobre estilo até chegarem aos quarenta anos. Quem está na faixa dos cinquenta e sessenta geralmente tem um uniforme estabelecido e só procura novas soluções quando ocorre uma grande mudança no corpo ou uma nova tendência de moda varre o país. Não existem aulas formais de moda para quem está entre 22 e 69 anos, faixa etária da maioria das mulheres no mercado de trabalho. É importante discutir maneiras de dominar o básico para se vestir bem. Afinal, a última vez em que algumas de nós aprendemos regras de moda foi quando compramos o primeiro sutiã.

A maioria dos especialistas que dão conselhos sobre moda oferece orientações em vez de regras rígidas, mas as mulheres devem entender o básico para serem bem-sucedidas. Ao se vestir, especialmente quando o objetivo é impressionar, a mulher precisa ser capaz de avaliar quando se destacar e quando não pode arriscar. Ela precisa saber o caimento certo para o seu biotipo, assim como o papel das tendências da moda no ambiente onde trabalha. Muitas mulheres se veem aos 45 anos seguindo as mesmas regras que aprenderam aos 23. Elas precisam se atualizar. É fundamental atingir um equilíbrio entre as peças clássicas do seu guarda-roupa e as tendências recém-saídas das passarelas.

Moda básica para mulheres

Vamos revisar o básico sobre estilo das roupas que já estão no seu armário, bem como das peças que podem facilmente ser adquiridas para atualizar o guarda-roupa e ajudá-la a se vestir para impressionar:

- A terceira peça
- Ternos e tailleurs
- Calças
- Saias
- Camisas e blusas
- Vestidos
- Casacos

A terceira peça

Nunca saio de casa sem uma "terceira peça". Pode ser um elegante blazer de seda azul-cobalto combinado com jeans escuros numa sexta-feira casual, um suéter creme de tricô que uso com uma calça de cashmere marfim em uma terça-feira aconchegante ou um xale preto com babados por cima de um vestido pretinho básico com um cinto por cima para esticar numa noitada depois do trabalho. A terceira peça é a roupa "it", a minha marca registrada.

A magia da terceira peça é que no lugar do terninho de sempre, o blazer pode ser desestruturado, de alfaiataria, um pouco mais ousado, cropped, comprido, peplum, sem colarinho, transpassados com abotoamento duplo ou simples ou texturizado. Este é um dos meus componentes favoritos de qualquer visual e dificilmente deixo uma mulher sair do meu provador sem usar uma terceira peça que seja a sua marca registrada. Para mim, o visual não está completo sem ela. Um paletó, blazer, suéter, cardigã ou até um belo cinto ou joia marcante pode ser a terceira peça. É ela que "faz" o seu visual. Num ambiente profissional, geralmente a terceira peça é o blazer.

O blazer

O blazer transmite poder, dizendo: *ouça* e *olhe para mim*. Como os sinais não verbais são importantíssimos, se você puder passar uma mensagem de força na sala de reunião apenas usando um blazer, não deixe de fazê-lo. O blazer diz: "Passei mais tempo me arrumando esta manhã." Se o código de vestimenta da sua empresa não for totalmente formal, usar blazer pode indicar que está se vestindo para impressionar e para o emprego que você quer. Não se vista de modo antiquado, vista-se bem.

O blazer pode ser tradicional (talvez com um forro divertido, que você pode revelar dobrando a manga para fazer o estilo mais casual) ou algo mais moderno, com gola xale e gravata usada como cinto. As possibilidades de cores variam do claro ao escuro. Nos tecidos, podemos ter desde os testados e aprovados lã e algodão até outros mais interessantes como tweed, linho ou couro. Também há opções de lapelas, ombros e mangas interessantes, bem como broches, zíperes e outros enfeites. Experimente usar uma roupa poderosa que faça você ser confundida com alguém da alta gerência na próxima reunião.

Dina era uma advogada de 43 anos com a sorte de aparentar apenas 28, mas infelizmente as pessoas costumavam pensar que era assistente administrativa ou jurídica em vez de sócia da empresa. Ela era a típica mãe que trabalha e mal tem tempo (que dirá interesse) para maquiagem e roupas bonitas. Com quatro filhos em casa, estava feliz por ter conseguido praticamente manter o peso que tinha antes de engravidar e confiava em seu trabalho. O fato de ser sócia lhe deu a sensação de que havia "vencido na vida". Dina usava cardigãs sem graça para trabalhar, com uma calça de yoga bem larga e tênis de caminhada. Sim, ela é advogada. Num escritório particular.

Queridas, por favor, não parem de tentar melhorar! Isso melhora a sua credibilidade profissional. Dê um exemplo para a próxima geração de mulheres que está subindo na carreira e impressione os líderes sêniores que esperam promovê-la. Dina não notava seu comportamento até lhe pedirem para servir cafezinho numa reunião em que também estavam presentes os novos estagiários. Eles usavam roupas mais adequadas que ela.

Vestir-se bem não é questão de ter muito dinheiro. Os princípios básicos do estilo são os mesmos da estagiária à CEO. As pessoas vão tratá-la de acordo com a sua aparência. Vista-se de modo a deixar bem claro para os outros o quanto é bem-sucedida e nunca mais alguém vai pedir para você servir cafezinho (a menos que seja a anfitriã de uma festa, e mesmo assim você pode contratar garçons para isso).

Um dos colegas de Dina passou o meu cartão e ela logo decidiu me ligar, provavelmente porque se sentiu envergonhada e desrespeitada com o incidente do cafezinho. A transformação mental dela foi instantânea. Nada como ser confundida com a secretária quando você é a chefe. Enquanto alguns precisam ser ensinados e convencidos, Dina apenas pediu o traje de que precisava para exercer o papel que conquistou há muito tempo.

Munida com um guarda-roupa cheio de roupas com estilo e adequadas a sua idade e a seu trabalho, Dina entrou em ação com uma segurança que creio ter surpreendido até ela mesma. Sapatos elegantes criados pela cirurgiã ortopedista Taryn Rose eram tão confortáveis quanto os sapatos que ela costumava usar. Calças pretas slim realçaram suas formas, mas sem chamar tanto a atenção, de modo que poderiam ser usadas mais de uma vez por semana. E uma camiseta preta sem mangas deixava o visual refinado e monocromático. A peça que mais se destacava era um casaco escuro com um cinto que conferia ao visual a dose certa de poder, com sutileza. Criamos um guarda-roupa e um uniforme fácil para uma mãe ocupada que trabalha fora seguir e repetir diariamente.

O cardigã

Às vezes chamado de suéter, o cardigã costumava ficar pendurado no armário da vovó. Essa peça de roupa está por aí há um tempão. Na década de 1990, os conjuntos de suéter e blusinha chamados "twin-sets" ficaram mais populares e eram usados com calça cáqui e saia estampada na sexta-feira casual. Na verdade, as pessoas estavam tão empolgadas com a perspectiva de evitar o terno que o conjunto de suéter e blusinha virou a alternativa oficial das sextas-feiras. O fato de a roupa poder ser usada o ano inteiro e funcionar muito bem em escritórios onde há brigas pela temperatura também ajudava.

O twin-set acabou sendo repaginado e surgiu o cardigã aberto, um modelo mais desestruturado. Essa versão às vezes é mais longa, indo além do comprimento típico na altura do quadril, nem sempre tem botões e pode muito bem ser usada com cinto. O cardigã representa uma nova e sensacional adição ao guarda-roupa profissional que funciona em qualquer tipo de corpo e idade. Aumentando ainda mais a versatilidade, pode ser usado tanto como traje mais sofisticado quanto casual. Um cardigã aberto de babados pode sofisticar uma calça, já um estilo assimétrico de lã tropical é ótimo para um escritório mais casual.

O cardigã clássico sempre estará na moda e geralmente combina muito bem com um vestido. Porém, evite combinar demais para não ficar com um visual antiquado ou excessivamente jovem. O twin-set de cardigã é uma peça básica universal para estagiárias e recém-formadas, bem como funcionárias administrativas e mulheres mais velhas.

O duster

O irmão mais comprido do cardigã aberto é o favorito moderninho para um visual casual e descontraído que cai bem em qualquer comprimento, do meio da coxa até o joelho. Pode ser encontrado em misturas de cashmere e lã no inverno e em tecidos mais finos no verão. Combine com um vestido tubinho com cinto ou calça skinny e saltos. Também chamado de *topper* ou *sweater coat*, o duster também pode ser uma terceira peça mais estruturada e um pouco mais curta. Nesse caso, combine-o do mesmo jeito que o duster convencional para obter uma silhueta mais moderna.

O colete

Esta é uma peça que entrou e saiu de moda ao longo dos anos. O colete preto inspirado na moda masculina é um clássico. Procure uma versão de bom caimento e minimamente bonita para ser usada aberta por cima de uma blusa de manga comprida, preta ou estampada, com uma calça jeans elegante ou calça social num ambiente casual ou casual corporativo. Adicione um colar marcante para dar um ar boêmio.

Suéteres

O suéter de gola redonda ou V costuma ser visto no escritório por cima de uma camisa social ou blusa de manga comprida. Tecnicamente, é mais um item para ser usado em camadas do que uma "terceira peça", mas algumas mulheres gostam desse visual. O maior problema aqui é realçar demais as suas formas. Algumas leitoras devem estar dizendo: "Mas é exatamente por isso que eu uso suéter!" Contudo, o fato de você não ter a intenção de exibir suas formas não significa que não podemos vê-las. Um suéter fechado pode deixar você mais gorda na cintura e nos braços. Imagine o de gola redonda como o irmão mais velho do moletom. Você realmente quer ser vista usando algo assim no trabalho?

Alerta de estilo: *A manga três-quartos funciona bem para qualquer terceira peça. Ela te deixa mais magra por ficar perto da cintura e atrai o olhar para cima em vez de para a região dos quadris. Além disso, é uma ótima solução tanto para as baixinhas quanto para as altas, que costumam ter problemas para achar mangas do tamanho certo nas lojas.*

Ternos e tailleurs

Os ternos e *tailleurs* femininos modernos costumam ser comprados separadamente. Embora por muitos anos os modelos tradicionais tenham sido vendidos apenas em conjuntos (e isso ainda acontece), muitos estilistas finalmente atentaram para o fato de que as mulheres nem sempre têm o mesmo tamanho nas partes de cima e de baixo do corpo. Se você trabalha ou vai se candidatar a uma vaga de emprego num ambiente formal ou casual, deve ter pelo menos um terno ou *tailleur* de bom caimento no armário. Para as mulheres, ao contrário dos homens, a cor mais versátil para investir é o preto. Você pode usá-lo numa entrevista de emprego ou estágio, combinando as peças de forma a obter um visual conservador ou acrescentando brilhos para algo mais casual. Depois, pode continuar a usá-lo num ambiente de trabalho formal ou separar as peças para usar no dia a dia.

Alerta de estilo: *Para obter um visual mais sofisticado (mas ainda acessível), prefira tecidos de lã mais leves, que podem ser usados em todas as estações. Fique longe dos tecidos de acetato e poliéster, pois parecem baratos. Tecidos com fibras stretch ajudam as roupas a ficarem menos amassadas ao longo do dia.*

Terninho

Se você for comprar apenas um terninho, opte pelo clássico e escolha uma calça social de perna mais larga. Este estilo fica bem em quase todos os tipos de corpo e resiste ao teste do tempo. Um paletó com dois ou três botões e lapela notch (com recorte triangular) provavelmente acompanhará este terninho. Escolha cores neutras para os outros ternos depois de ter comprado um preto: chumbo, cinza médio, marrom e azul-marinho são opções seguras e estilosas.

Se você tem um armário cheio de terninhos e quer algo mais empolgante, mude o tipo de calça (skinny, na altura do tornozelo, pantalona) ou paletó (gola xale, gola careca, acinturado), ou permita-se usar cores escuras interessantes como *burgundy*, ameixa, berinjela ou verde-oliva.

Tailleur

O *tailleur* é um clássico atemporal e elegante. As mulheres usam saias no escritório há muito mais tempo do que calças. Você pode ter vários *tailleurs* pendurados no armário ou apenas o que comprou para alternar com o terninho. Para se manter atualizada, procure uma saia lápis na altura do joelho e um paletó. Continue a escolher cores neutras e tecidos adequados à estação. Se quiser dar um toque de estilo, use tweed ou jacquard.

Tailleur *longo*

O *tailleur* longo é um estilo muito elegante, que funciona bem ao sair do escritório para a noite ou em situações de trabalho que exijam um traje mais sofisticado (coquetéis, eventos de networking ou de clientes). O paletó pode ir até o quadril ou terminar no joelho e vir acompanhado de um vestido tubinho. O vestido e o paletó costumam ser da mesma cor (e podem ser vendidos em conjunto). Este tipo de *tailleur* com o paletó longo que o acompanha pode ser difícil de encontrar, mas é o favorito das clientes de alto nível.

Calças

As calças são a base do guarda-roupa de muitas mulheres, pois são confortáveis, versáteis e exigem pouca manutenção. Estão disponíveis em vários caimentos, tecidos e cores. Use o comprimento da bainha de acordo com o sapato e escolha o tipo de modelagem da calça que lhe cai melhor.

Alerta de estilo: *Retire os estilos antiquados do seu armário: pregas, cintura alta demais, modelo saruel ou de pernas afuniladas. Embora alguns desses estilos entrem e saiam de moda o tempo todo, se você tem calças com mais de dez anos, elas provavelmente se qualificam como ultrapassadas.*

Estes são os estilos mais populares para o trabalho:

Boca média

É o tipo de calça mais clássico, versátil e que tem melhor caimento. Ela desliza pela coxa, vai até o joelho e fica ligeiramente mais larga na panturrilha. Fica bem na maioria dos biotipos e sempre vai deixá-la mais magra. Pode ter bainhas ou vincos do meio para baixo para dar estrutura, mas a circunferência do tornozelo precisa estar próxima à do quadril.

Wide leg

Uma calça do tipo *wide leg* (da família da pantalona) passa uma mensagem bem clara. De estilo marcante, cai graciosamente do quadril até o tornozelo. O modelo pode ser glamouroso para as mulheres altas e fundamental para as gordinhas, pois equilibra os corpos mais curvilíneos ou em forma de pera, tirando a atenção do quadril maior. Nesta categoria, as pantalonas entram e saem de moda, dando um ar sofisticado a um guarda-roupa básico. As baixinhas devem evitar calças de pernas muito largas pelo risco de parecerem ainda menores.

Alerta de estilo: *A calça que proporciona o melhor caimento geralmente tem o diâmetro do tornozelo igual ou próximo ao diâmetro do quadril. Coloque a calça em cima da cama para ver se o que você tem no armário*

está de acordo com esta regra. Dobre a perna da calça, levando a parte do tornozelo até a da coxa. Se as larguras forem parecidas, você está criando um visual equilibrado. Se a coxa for mais larga, você vai chamar atenção para aquela área. Portanto, cuidado ao comprar este tipo de calça.

Skinny

A calça skinny é fina e bem justa na perna. Prima da calça jeans skinny, é um modelo difícil de usar no escritório quando você tem muito quadril. Minha versão favorita (e que cai bem em vários tipos de corpo) deste estilo no ambiente de trabalho vai até o tornozelo ou um pouco mais acima: é a calça cigarrete. Conhecida como a preferida de Audrey Hepburn, ela é mais justa no quadril e na coxa e tem a perna bem fina. Combine essa calça com sapatilhas, botas de cano longo (na altura do joelho) e salto alto e tenha um visual superchique, ao mesmo tempo retrô e moderno.

Calça reta

Ela tem caimento reto, do quadril até a coxa e do joelho ao tornozelo. Deve ser usada apenas pelas mais esguias e não fica bem em mulheres de quadril largo. Uma calça reta capri é mais versátil porque mostrar um pouco as pernas ajuda a desviar o olhar da parte de cima, e a parte de trás da calça não é tão estreita. Essa é uma opção elegante para vários tipos de corpo nos meses mais quentes.

Alerta de estilo: *Para dar mais um toque de glamour, inclua uma calça colorida ao seu repertório. O vermelho está sendo cada vez mais aceito no ambiente de trabalho.*

Saias

A saia básica para trabalhar é a que bate na altura do joelho. Para identificar em que altura a barra da sua saia deve ficar, examine os joelhos num espelho de corpo inteiro. Para algumas mulheres vai ser acima do joelho, enquanto para outras vai ser mais para baixo. Sabe onde a coxa começa a afinar e leva ao joelho? É o seu ponto de partida. Agora olhe para a parte de trás do joelho. Está vendo onde começa a curva na direção da panturrilha? O ideal é a saia terminar numa área de cinco centímetros em torno desta região, dependendo do seu biotipo, altura e proporções.

Estes são os estilos mais populares para o trabalho:

Saia lápis

Todas as saias têm os seus momentos "in" na moda, e se você quiser incluir apenas uma no guarda-roupa, invista neste formato atemporal. A saia lápis (reta em cima e mais arredondada na direção do joelho, como a ponta de um lápis) realça suas curvas, embora talvez seja bom ter uma fenda ou prega na parte de trás para facilitar os movimentos. Escolha um tecido estruturado versátil como um tecido de lã mais leve ou algodão pesado e combine com uma terceira peça para obter um visual formal corporativo elegante.

Alguns consideram a saia reta (que geralmente acompanha o *tailleur*) como saia lápis, mas a principal diferença é que ela não vai até o fim da coxa. A saia reta cria uma forma mais retangular, criando uma silhueta mais conservadora e antiquada.

Evasê

O formato da saia evasê segue o da letra A maiúscula. Este visual geralmente é usado para disfarçar problemas na aparência feminina, mas lembre-se: às vezes quanto mais você disfarça, mais revela. A saia evasê favorece o corpo mais reto e faz com que as mulheres de quadris mais largos pareçam mais gordas. Esse visual modelado atrai as gerações mais jovens e funciona melhor nos ambientes de trabalho mais casuais.

Saia rodada

Ela é divertida e feminina. Volumosa, pode ser plissada, pregueada ou até godê. É mais casual do que a saia-lápis, mas ainda pode ser sofisticada. Use-a na altura do joelho e combine com blusa de alcinha, cardigã ou uma blusa justa de manga na altura do cotovelo.

Camisas e blusas

Se você está se vestindo para o escritório principal, abasteça o guarda-roupa com uma terceira peça antes de escolher as camisas e blusas. Se usar uma terceira peça poderosa, não a sobrecarregue com uma blusa estampada. Caso vista terninho ou *tailleur* diariamente, não use uma camisa da mesma cor do tecido do terninho risca de giz "para realçar a cor". Ao usar a terceira peça, prefira combinar a camisa com a calça ou saia para minimizar a presença da camisa e maximizar o impacto do blazer poderoso. Ao combinar um terninho, tente amenizar a cor principal em vez de realçá-la.

Alerta de estilo: *Ao combinar a camisa com a saia ou calça em vez do blazer, você alonga o torso e dá a impressão de parecer mais magra. Já ao combiná-la com o blazer, vai parecer maior na parte de cima.*

Quando entrei no closet de Mary, fiquei impressionada com a quantidade de camisas e blusas lindas que ela tinha. Ocupando lugar de destaque no armário e perfeitamente organizadas, elas eram muito convidativas. Mary adorava cores, e comprar camisas era o seu ponto fraco. Ela trabalhava num ambiente formal e achava terninhos e *tailleurs* muito sem graça. A reclamação dela não era nenhuma novidade, e camisas coloridas a deixavam feliz. Quando fiz o inventário da sua coleção, vimos que ela tinha investido mais de três mil dólares em camisas e blusas num tempo relativamente curto.

Infelizmente, muitos dos terninhos dela tinham caimento ruim e pareciam baratos. Mary trabalhava no ramo financeiro, um ambiente formal, e usava terninhos diariamente. Todos eles escondiam o lindo investimento que ela havia feito. Basicamente, as camisas e blusas de Mary eram iguais a lingerie: só ela própria podia apreciá-las.

Portanto, compre de acordo com o código de vestimenta da sua empresa. Como o ambiente formal exige uma terceira peça, Mary poderia ter se divertido muito e mostrado seu estilo, investindo em peças de alta qualidade e muito impacto. Acrescente camisas estilosas, clássicas e que podem ser usadas sem o terninho: misture estilos, camisas de gola laço, uma cami-

Moda básica para mulheres

sa branca clássica, gola caída, rulê, manga estilo quimono ou outros tipos de manga interessantes. É claro que cada estação lança novas tendências, como a blusa peplum, e cada inverno obviamente terá uma nova gama de suéteres. Deixe as camisas por último e não gaste muito com elas, a menos que fiquem bem visíveis ou que você as use todos os dias.

Blusas versus camisetas de alça

Você deve estocar blusas e camisetas de alça para combinar com calças, saias e terninhos. Uma blusa pode ser sem manga (embora deva ser larga o bastante nos ombros para cobrir a alça do sutiã), com manga cavada, curta, três quartos ou comprida. Geralmente, são justas, mas não tão apertadas quanto as camisetas de alça fininha. Minhas camisetas de alça favoritas para o trabalho são feitas com uma mistura de algodão e elastano que não desbota. E existem também as ribanas, que misturam o estilo da regata com o caimento da blusa de alcinha. Independente do estilo que funcione melhor para o seu corpo, tente se concentrar em tecidos que pareçam elegantes o bastante para serem usados no trabalho em vez de na academia. Compre blusas sem costura e evite aparecer com uma camiseta de alcinha rendada no trabalho (esse visual teve o seu momento na moda, mas durou pouco. Fique de olho no seu termômetro interno). Em resumo: não use uma blusa muito informal ou camiseta de alça no trabalho se for uma empresa formal e você pensar em tirar a sua terceira peça em algum momento.

Vestidos

Os vestidos são os vice-campeões de popularidade no escritório. Muitas mulheres os consideram fáceis de comprar e mais fáceis ainda de vestir: basta uma peça e acabou. Eles são realmente versáteis e podem ser usados em versão mais estilosa nos coquetéis ou mais comportada para a sala de reuniões.

Estes são os estilos mais populares para o trabalho:

O tubinho

O vestido tubinho é um clássico do escritório. A versão sem mangas pode ser usada com o paletó do terninho ou uma terceira peça de praticamente qualquer estilo. Se tiver mangas pode ser usado sozinho para obter um visual profissional e moderno. Use um cinto (onde começam as suas curvas ou onde você deseja dar a ilusão de que elas existam), acrescente um colar, salto alto e *voilà*: está pronta. Comece com um tubinho preto e depois aumente a coleção.

Já o *shift dress* parece um tubinho, mas não é tão justo na cintura e no quadril, é um pouco menos elegante e funciona melhor em corpos mais esguios. Seja qual for o vestido, tenha cuidado com a cintura império, que pode alongar demais o torso e deixá-la mais gorda no quadril.

O envelope

Diane von Furstenberg transformou esse estilo em algo marcante. O truque para usar o vestido envelope é amarrá-lo bem alto e apertado em volta da cintura, evitando que ele se desenrole e exponha a região do busto. Tenho clientes que escreveram detalhadamente os passos ou fizeram um vídeo desse processo no provador para conseguirem reproduzir o método em casa.

Alerta de estilo: *Se você tem seios grandes, tente usar um bustiê (no lugar de uma blusa de alça) na cor do vestido envelope para ajudar a disfarçar o decote. A marca Miss Oops produz um confortável Boob Tube, espécie de bustiê mais fino, com o mesmo objetivo.*

Chemisier

Imagine a sua camisa social favorita... virando um vestido! Ele pode ter uma saia justa ou rodada, ser monocromático ou estampado ou ter color blocking (uma cor na parte de cima e outra na de baixo). Um caimento mais justo na parte de baixo funciona melhor para quem tem corpo mais esguio, já uma saia mais rodada funciona para todas. Se ela abrir na altura do peito, use um top para cobrir o decote ou evite esse estilo. Esse vestido pode ser usado num ambiente de trabalho mais casual.

Casacos

A camada mais externa de roupa pode ser tão importante quanto o que usamos por baixo. Dependendo do clima na região do seu trabalho, esta pode ser a primeira peça de roupa que as pessoas veem você usar todos os dias. Não cause uma má impressão vestindo um sobretudo largo e antiquado ou uma capa de chuva casual e esportiva. Se você vai trabalhar a pé ou usa transporte público, invista num casaco estiloso e adequado à temperatura da região. Se você vai do carro para a garagem e mal sai à rua, também vale investir em pelo menos um casaco versátil para as viagens a trabalho.

Trench coat

É fundamental para executivas. É bom para épocas e temperaturas diferentes, versátil e está disponível em diversos tecidos e cores. Escolha o modelo preto com detalhes sofisticados (como acabamento brilhante ou envernizado) se você planeja um visual mais chique ou use o modelo cáqui clássico para satisfazer seu lado arrumadinho. Também gosto das versões em tons metálicos, estampadas e azul-marinho, com abotoamento duplo ou simples, rodados e retos.

Alerta de estilo: *Amarre o cinto do seu sobretudo em vez de afivelá-lo para dar um toque moderno que realça a cintura.*

Casacos de inverno

A menos que você more num lugar incrivelmente frio e fique ao ar livre o tempo todo, um casaco de inverno três-quartos (na altura do joelho) é sempre a melhor opção e fica bem em todo mundo. Procure um modelo moderno que tenha estilo e/ou ajude a realçar a silhueta em lã, cashmere ou outro tecido quente. Vale até um casaco estilo thin down! Já uma gola padre ou xale deixam o visual marcante e um cinto de tecido pode deixá-la mais magra. Quando estiver usando um suéter ou terceira peça, garanta que o caimento fique confortável por baixo. Um casaco de lã ou cashmere é tradicional e sempre funciona, desde que tenha o caimento certo. Os casacos nos dão a oportunidade de mostrar um pouco de glamour. Escolha uma cor e estilo que combinem com as suas aspirações de liderança: preto é mais agressivo, cinza é calmo, caramelo é clássico e vermelho, estiloso. Todas essas são opções bem populares!

Mantas e capas

São peças que dão um tom dramático. Ambas podem ser de pele e jogadas por cima de uma terceira peça ou blusa, além de ser uma boa pedida no período entre estações. A manta deixa o visual instantaneamente glamouroso. Escolha um modelo versátil para ser usado dentro e fora do escritório ou opte por algo mais pesado apenas para usar ao ar livre. Hoje em dia as capas não são mais exclusivas dos super-heróis, elas costumam entrar e sair de moda, então não jogue a sua fora. Combine estas peças fashion com luvas na altura do cotovelo para se manter aquecida e ande pelas ruas cheia de estilo.

Considerações finais

Não reprima o instinto de ver como as outras mulheres se vestem. Observe o estilo de líderes e veja se a imagem delas é algo que as ajuda a ascender na carreira. Essas mulheres estão se vestindo de acordo com o tipo de corpo e a idade delas? Sabem como destacar (e disfarçar) os lugares certos? Criar um guarda-roupa profissional elegante não é uma questão de gastar muito e sim de ter as peças certas!

O "CERTO" E "ERRADO" NO AMBIENTE DE TRABALHO

Roupas
Certo: verificar as suas roupas para detectar sinais de desgaste: manchas na região da axila, meias-calças rasgadas, além de bicos e solas de sapatos gastos não são adequados.

Errado: parecer relaxada ou negligente usando roupas amarrotadas ou apertadas. Invista numa secadora a vapor ou frequente a lavanderia a seco mais próxima para evitar a aparência cansada e desgrenhada. Verifique se as roupas íntimas não estão aparecendo e se a saia tem um comprimento adequado.

Tendências
Certo: manter um visual sofisticado e estiloso. Invista nas peças básicas do guarda-roupa e não exagere usando várias tendências da moda ao mesmo tempo.

Errado: cometer gafes mostrando a alça do sutiã, usando blusas que deixam as costas de fora ou minissaias. Na dúvida, deixe sempre um blazer ou cardigã no trabalho. Não confunda o escritório com um desfile de moda.

Acessórios
Certo: confiar neles. Pérolas, brincos pequenos e joias discretas vão deixar o seu trabalho falar por você. Limite as joias que chamam mais atenção a uma peça por visual.

Errado: usar joias chamativas, barulhentas ou grandes demais. Deixe-as para um happy hour, não para o escritório.

Calçados
Certo: deixar as pernas de fora. É perfeitamente aceitável (se estiver de acordo com o código de vestimenta da empresa), desde que você mantenha o comprimento na altura do joelho e as pernas bem-hidratadas.

(Continua)

Errado: usar chinelos de dedo no verão, botas pesadas no inverno ou trocar de sapato na sua mesa. As pessoas vão notar.

Higiene pessoal

Certo: estar sempre limpa e saudável. Use um pouco de maquiagem, passe algum produto no cabelo (se precisar) e finalize com batom ou brilho para compor um visual impecável. Lembre-se, contudo, de que no ambiente de trabalho menos é mais.

Errado: cometer gafes de higiene pessoal. Preste atenção a unhas com esmalte descascando e lábios rachados. Ambos são fáceis de solucionar.

3

MODA BÁSICA PARA HOMENS

Homens geralmente compram apenas para substituir peças de roupa. Não costumam procurar novos estilos, apenas querem mais do que já têm. Quando veem um furo, mancha ou colarinho gasto, eles correm para a loja ou internet para substituir as peças favoritas. Queridas, nós bem que poderíamos aprender umas coisinhas com esse estilo de fazer compras.

Você sabe qual é o maior desafio para os homens? Tirar um minuto para olhar no espelho e ver se o que estão usando realmente lhes cai bem. Estive recentemente no closet de um cliente, e no chão estavam caixas e bolsas cheias de camisas, calças e ternos recém-comprados da marca Jos. A Banks. E quando digo "recém-comprados", me refiro a peças adquiridas nos últimos seis meses. Meu cliente tinha parado em sua loja predileta num dia de promoção para aproveitar os preços baixos e comprou até ficar totalmente satisfeito. Acontece que esse homem em busca de pechincha não se olhava no espelho há muito tempo, porque nada do que comprou (ou nada do que tinha em casa) lhe servia bem. E, ao comprar tanta roupa inadequada na promoção, acabou gastando mais dinheiro que a esposa, com quem sempre brigava por adquirir roupas pelo preço normal (embora as peças dela *sempre* caíssem bem e ela comprasse menos que ele).

Quando se trata de moda, a maioria das mulheres pensa que os homens não enfrentam problemas. Contudo, mesmo tendo menos peças para combinar e instruções de manutenção mais fáceis nas etiquetas, alguns ainda conseguem chegar desmazelados no trabalho. A reclamação mais comum que ouço é de homens usando roupas amarrotadas ou manchadas. Se a mancha de caneta que apareceu na sua camisa mês passado continuou intacta depois da lavagem, é hora de se livrar dessa peça de roupa (ou de procurar outra lavanderia). Se você costuma sujar a gravata de comida, deixe algumas de reserva na gaveta do escritório. Uma das formas mais rápidas de perder o respeito na sala de reuniões é parecer desleixado ou ser negligente com a higiene pessoal e a aparência. As pessoas esperam que um bom palestrante também apresente uma boa aparência.

O estilo masculino é basicamente uma questão de caimento. É claro que existem algumas regras: combine as meias com a calça em vez de com os sapatos. Troque de cinto se mudou o furo ou se o couro começar a rachar (se você estiver emagrecendo, dê-se um presente, e se tiver engordado alguns quilinhos, disfarce). Engraxe os sapatos. Deixe as roupas bem-passadas. Nunca use mais de dois anéis e considere o relógio como um investimento.

Alerta de estilo: *Combine as meias com a calça e não com o sapato. Isso vai alongar as pernas, dando uma aparência mais elegante e em forma, em vez de deixar os pés maiores do que realmente são.*

Uma imagem refinada e bem-sucedida se baseia no caimento adequado da roupa. Você está sendo engolido por uma camisa social grande demais ou os botões da sua camisa justa abrem o tempo todo? Suas calças são largas, afuniladas, com vinco ou tudo isso ao mesmo tempo? Você engraxou os sapatos na semana passada ou no ano passado? Esses são apenas alguns parâmetros que você pode controlar e nos quais os colegas vão reparar. Homens (e mulheres) nem sempre reconhecem a marca do que o outro está vestindo, mas é relativamente fácil saber se um colega de trabalho mantém a higiene pessoal e se orgulha da aparência profissional.

Tradicionalmente os homens seguem determinadas regras e estilos herdados dos pais, irmãos, chefes ou mentores de estilo. Meu objetivo é dizer o que é bom para *você*, além de fazê-lo entender a importância de se olhar no espelho e identificar o caimento adequado para se manter apropriado e estiloso durante a sua ascensão na carreira. Eu odiaria que você fosse preterido pelo cara que usa a gravata certa só porque não prestou atenção nas aulas básicas sobre moda.

Vamos revisar alguns pontos básicos de estilo nas roupas que já estão no seu armário ou podem ser facilmente compradas para atualizar o seu guarda-roupa e ajudá-lo a se vestir para impressionar:

- Camisas
- Calças
- Ternos
- Suéteres e roupas para usar como camada externa

Camisas

A qualidade faz diferença? Claro, mas também é importante pensar no seu estilo de vida. Meu marido e eu temos uma vida atribulada e ele adora suas camisas que não precisam ser passadas. Para comprá-las, vamos à loja Brooks Brothers de camisas slim-fit customizadas. Seja pela internet ou loja física, é possível escolher à vontade camisas sociais que não amarrotam e são fáceis de manter. Com preço bem próximo das camisas comuns, elas são uma ótima opção. Se você prefere evitar os preços absurdos da lavagem a seco, usar um material que não precisa ser passado a ferro e cuja manutenção pode ser feita em casa é mais importante que o linho luxuoso. Embora o tecido deva ser bom, as prioridades máximas devem ser o caimento, o preço e o compromisso com a manutenção e a utilização das roupas. Assim como as mulheres geralmente fazem (com Michelle Obama liderando o grupo), os homens devem ficar à vontade para misturar peças caras e baratas de modo a compor um estilo único e simples.

Quando comprar modelos *pret-à-porter*, verifique a qualidade dos botões: se um ponto em cruz estiver fixando um botão grosso, é um bom indicador de durabilidade. Saiba quais são as suas medidas de modo a garantir o caimento ideal.

E não, você não pode se medir. Recomendo ir a uma boa loja de roupas masculinas para descobrir o seu tamanho.

Estilo

Todo visual envolve o uso de uma camisa. Aprenda a diversificar a sua coleção e personalizar a aparência.

Cores

Nunca estive num armário masculino que não tivesse camisas brancas e azuis. Alguns têm apenas camisas brancas e azuis, e é preciso implorar para que incluam mais cores! Outros são doidos por cores e só usam uma camisa branca ou azul caso surja uma situação que exija um visual mais conservador. Sou uma grande fã do azul, recomendo apenas variar a tonalidade. Experimente azul-claro, azure (saturado ou médio) e todos os tons entre esses dois, além de texturas e fios diferentes. Este é o primeiro passo antes de chegarmos às estampas.

O próximo é o branco. Se você adora a aparência impecável de uma camisa branca nova, corra para a loja de camisas brancas mais próxima. A Thomas Pink oferece mais de trinta estilos de camisas brancas, facilitando a diversão com esse modelo clássico e simples. Texturas como espinha de peixe ou listras dão um pouco mais de estilo.

Acrescentar cores às peças principais do seu guarda-roupa profissional vai dar uma renovada no visual e ajudá-lo a se manter na moda. Gosto de rosa, lavanda, listras e quadriculados. Atenha-se aos tons mais suaves de rosa e roxo e, quando usar listras, decida se vai combiná-las com a gravata. Listras finas são fáceis de usar para os mais discretos, enquanto as médias ou médias-largas são escolhas mais ousadas, apenas para os mais ousados. Padrões como quadriculado tipo windowpane e xadrez são meus favoritos porque caem bem em quase todo mundo e vêm em grande variedade de tamanhos e cores. Já os pontinhos, o padrão espinha de peixe, linhas diagonais, listras fininhas, assimétricas, xadrez vichy e quadriculado também ajudam a refinar as suas escolhas de vestuário.

Punho

Duplo ou simples com botão? Com monograma ou sem? Os punhos são outra forma de mostrar o seu estilo único e pessoal. Eles têm uma certa elegância e é importante escolher o estilo mais confortável que fique melhor para você. Um punho simples com botão é clássico e perfeitamente adequado na maioria das empresas. Já o duplo, que exige abotoaduras para prendê-los na altura do pulso, costuma ser mais formal, embora ofereça uma oportunidade de mostrar um pouco de ousadia por parte dos homens mais antenados em termos de moda. Se você tiver pulso muito fino, as abotoaduras podem dar a impressão de que está usando a camisa do seu pai. Se elas forem grandes demais, porém, vão parecer mera ostentação em vez de destacar a sua aparência como um todo.

Muitos dos meus clientes perguntam se as abotoaduras vão fazê-los parecer refinados demais. Historicamente, as camisas com abotoaduras são usadas apenas pelos ricos ou em ocasiões especiais. Embora o estereótipo certamente tenha mudado, ainda há o mito de que usá-las (ou um belo relógio) faz você parecer "rico".

Trabalho com uma série de empreiteiros, políticos e profissionais que caminham na linha tênue entre o setor público e o privado. O melhor conselho que posso dar sobre estes e vários outros acessórios é que se você for autêntico, não vai parecer que exagerou na elegância. Aprenda a se vestir para o seu público, sempre tendo em mente seu estilo único e pessoal. A autenticidade costuma ser admirada na moda, e daí vêm as peças marcantes como gravatas Hermès, lenços de bolso, prendedores de gravatas ou até meias mais chamativas.

Mitt Romney é um ótimo exemplo de alguém que lutou vários anos para ter uma aparência mais descontraída usando roupas casuais, mas cujas calças jeans e colarinhos desabotoados acabaram sendo considerados esquisitos pelos eleitores na corrida presidencial norte-americana de 2012. Um figurino montado sempre parece artificial, e Romney ficava nitidamente mais confortável usando os ternos de alfaiataria e gravatas em cores vivas de sua época no setor privado do que o uniforme de "homem do povo" da campanha eleitoral. A autenticidade sempre vence a artificialidade.

Camisas de colarinho americano, de mangas curtas e polo

Quando se deve usar o colarinho americano? Primeiro vamos definir o que o termo significa: ele se refere ao colarinho com um botão em cada ponta. É o tipo mais casual de camisa social e o mais formal de camisa casual. Costuma ser a opção de universitários ou jovens, embora seja popular em todas as idades nos meios acadêmico, científico e das organizações sem fins lucrativos. Esse tipo de camisa não deve ser usado com gravata, por ser mais casual. Contudo, nas categorias mencionadas anteriormente, ela pode ser vista com gravata e blazer esporte. Sempre que vejo nos meios de comunicação alguém de camisa abotoada com gravata borboleta ou gravata de tricô, a roupa grita: repórter, especialista em alguma área técnica ou escritor. Não é algo ruim, mas você fica marcado.

A camisa de manga curta geralmente é usada com calça social de algodão no verão e definitivamente só pode ser considerada uma opção casual no trabalho. Da mesma forma, você deve usar camisa polo apenas nos dias em que é permitido. Fique longe de marcas e logotipos visíveis no escritório. Ainda está para ser escrito o código de vestimenta que os permita (a menos que seja o logotipo da própria empresa). Torce por algum time de futebol americano? Use a camisa deles no fim de semana. E isso se aplica até àquela camisa "mais bacana" que você comprou para assistir ao jogo com o chefe.

As camisas polo listradas são mais casuais do que as lisas. O ideal é procurar uma com o punho — ou o detalhe da manga, caso seja de manga curta — feito do mesmo material que a camisa, ou seja, não é a mesma camisa que você usa no sábado para comer pizza com seus filhos.

As camisas polo de golfe são as favoritas de vários homens que conheço para ir ao trabalho. Contudo, mesmo se for jogar uma partidinha depois, não use a camisa de golfe no escritório a menos que não tenha logotipo e pareça mais uma camisa polo comum. Já camisas esportivas geralmente não estão incluídas nos códigos de vestimenta, nem mesmo se forem aquelas sofisticadas das férias que você passou no Ritz-Carlton. Sim, toda regra tem exceção, mas tente seguir esta da forma mais rígida que puder.

Geralmente, as camisas de manga curta com colarinho americano e polo são ótimas para um ambiente casual, seja na empresa, em viagens de negócios, num resort ou num café da manhã num fim de semana visando manter a rede de contatos.

Caimentos

As camisas masculinas evoluíram de modo a ter diversos caimentos para vários biotipos. Não se sinta intimidado pelas marcas: experimente novos caimentos e escolha o que fica melhor em você.

Clássico

Houve uma época, nem tão distante assim, em que a maioria dos homens e mulheres achava que existia apenas um tipo de camisa para cada homem. O corte clássico foi o mais usado pelos homens ao longo de suas carreiras. Esse estilo tem um corte mais folgado no peito, na cintura e nas axilas, sendo tradicionalmente vendido na maioria das lojas de roupa masculina. Embora seja mais adequada para os homens atarracados e grandes, ela também vem sendo usada pelos magros, altos e esguios. Contudo, hoje há uma série de novos estilos para escolher, por isso não deixe de conferir as opções em vez de simplesmente optar por este caimento tradicional e grande demais.

Alerta de estilo: *O profissional moderno procura camisas sociais que não tenham excesso de elementos.*

Slim

O mais novo estilo a chegar às prateleiras das lojas e aos armários masculinos é o slim. Ainda que tenha sido adotado primeiro pelos magros ou antenados em moda, a quantidade de cortes possíveis acabou levando até os homens mais atléticos a usar uma camisa com modelagem slim. Cada varejista ou estilista tem a sua versão, da extra-slim ao trim-fit. O termo não tem o mesmo significado em todas as lojas e alguns cortes são mais generosos que outros. Lembre-se apenas de que as proporções devem cair bem para o seu tipo físico, independente de você ter setenta ou 140 quilos.

Extra-slim

Não tenha medo desse "extra"! Já fiz homens com mais de cinquenta anos usarem camisas desse tipo sem problemas. O estilo não necessariamente significa que você está pronto para a balada. A camisa extra-slim é perfeitamente adequada tanto para o homem esguio quanto para o mais baixo e compacto. Dependendo do estilista, ela pode funcionar maravilhosamente para quem não fica tão bem na modelagem trim ou cujos ombros não servem para um corte slim. Se você se identifica com essa descrição, experimente a modelagem extra-slim.

Alerta de estilo: *Mesmo se você não estiver em boa forma pode usar uma camisa slim.*

Camiseta de baixo

Independente do estilo de camisa social escolhido, não se esqueça da camiseta para usar por baixo. Ela é eficiente na absorção do suor, disfarça os pelos do peito, serve de forro para camisas transparentes e até dá mais confiança. Tenho clientes que não saem de casa sem as camisetas modela-

Moda básica para homens

doras Manx para dar aquela ajeitada no corpo. Exatamente igual ao Spanx, uma espécie de cinta modeladora para mulheres, o Manx ajuda a colocar a barriga para dentro e o peito para fora, digamos assim. Não é obrigatório usar a camiseta de baixo para trabalhar, mas se você tem pelos que ficam de fora do colarinho ou costuma transpirar bastante, realmente recomendo esta peça. A Calvin Klein tem uma versão com modal e lycra de que gosto muito por ser leve e não fazer volume, enquanto a Banana Republic também tem uma ótima em algodão pima com stretch. Importante: se o colarinho da camiseta de baixo ficar visível, verifique se não está gasto ou amarelado. Não ignore esta peça de roupa!

Colarinho

A camisa com colarinho pode ser encontrada no armário de quase todo homem trabalhador hoje em dia. E há muitos tipos para escolher (inglês, francês, italiano, curto e americano). Talvez você prefira um visual mais acadêmico usando o estilo americano ou um colarinho inglês mais conservador (bastante popular nos saguões de Washington, D.C.) Ou então você pode andar por Wall Street usando um colarinho contrastante (branco, para destacar bem a cor da camisa) ou dançar de acordo com a batida do colarinho arredondado. Há grande probabilidade de o trabalhador comum escolher o popular colarinho inglês, que funciona bem com estilo de nó americano ou o mais ousado italiano, que tem abertura média e permite um nó do tipo Windsor ou meio Windsor.

Eu adoro o fato da Thomas Pink, Banana Republic, Brooks Brothers e até a Men's Wearhouse fazerem coleções exclusivas. Existem estilos para todos os bolsos e não é preciso ir até Hong Kong para conseguir um design customizado. Quando você for às compras, quero ajudá-lo a escolher o colarinho certo para o seu biotipo e para o formato do seu rosto.

Colarinho italiano

Se você tem o rosto mais anguloso, qualquer versão do colarinho italiano vai ajudá-lo a se destacar e até a ficar mais encorpado (dando a impressão de que você frequenta a academia mesmo se não for o caso). O colarinho mais aberto expande o torso e deixa os ombros mais fortes. Adoro esse colarinho porque chama a atenção do público e o mantém atento, o que é ótimo para entrevistas de emprego ou apresentações, bem como para o dia a dia.

Alerta de estilo: *O colarinho italiano fica bem em praticamente todo mundo!*

Colarinho inglês

O colarinho narrow-point (pontudo e mais fechado) há muito tempo é considerado padrão no guarda-roupa dos *gentlemen*. Considerado por muitos como o único estilo de camisa para se usar com gravata, é o preferido dos mais conservadores e eterno favorito de muitos políticos. Contudo, ao escolher um colarinho inglês, você estará levando o público a olhar para baixo e não para os seus olhos, o que nem sempre é uma boa ideia. Existem diversas versões desse colarinho, algumas mais estreitas que outras, mas a direção não muda (para a barriga e além). Mesmo assim, esse estilo é ótimo para o homem esguio que está depondo num tribunal ou indo a uma reunião importante num ambiente conservador ou tradicional.

Para todas as ovelhas perdidas (em termos de moda): tenha cuidado ao escolher um colarinho mais ousado. O estilo arredondado pode até estar na moda, mas não é para todos. Assim como o colarinho contrastante é adequado ao ambiente do velho mundo corporativo/financeiro (pense em charutos na varanda depois do trabalho), o colarinho arredondado funciona bem nos magros e de espírito jovem. Se você não tiver esse biotipo ou estado de espírito, use outro tipo de camisa.

Sob medida

As pessoas geralmente questionam: "Devo gastar mais do que estou acostumado para ter um produto de melhor qualidade?" Minha principal pergunta sempre é: "Ficou bem em você e você vai usar?" A resposta simples para saber se deve investir em camisas ou ternos feitos sob medida primeiro consiste em analisar o seu biotipo. Se não conseguir comprar as roupas que estão nas prateleiras das lojas, seja por ter ombros muito largos ou braços compridos demais, o jeito é comprar sob medida.

Também existem vários tipos de customização: você pode ir a um alfaiate para criar uma camisa do zero ou apenas alterar o comprimento dos braços, se este for o seu problema. Tenho muitos clientes com medidas de braço incomuns (entre 76 e 81 centímetros, ou seja, curtos) que gostam de comprar diretamente nas lojas e acham camisas que caem bem no corpo, mas precisam encurtar o comprimento das mangas. Fácil! Vá em frente! Tenha sempre à mão o telefone de um alfaiate ou, se a própria loja oferecer o ajuste, aproveite.

Se você tiver braços extremamente longos, não se contente em usar camisas de mangas curtas demais, pois o resultado não é bom. Vou repetir, queridos: as camisas em que o punho fica na região do pulso ou acima dele estão curtas demais. Se este é o seu problema em termos de estilo, significa que não vai ser possível comprar camisas diretamente na loja e a customização será necessária. Se ainda está se perguntando se este é o seu caso, lembre-se de que a manga da camisa deve ficar 1,3cm abaixo da manga do paletó. Da mesma forma, se o tamanho do seu pescoço não for o padrão, você também será um bom candidato para as camisas customizadas.

Para o homem verdadeiramente estiloso, não há escolha além da customização. Precisando de um terno novo? Corra para o alfaiate. Isso não é para todos, mas se você gosta de dar palpite na criação e no design das suas roupas, a alfaiataria customizada é perfeita. Além disso, colocar monograma no punho ou no forro do paletó diz ao mundo que você tem um estilo verdadeiramente próprio.

Como combinar camisas, ternos e gravatas

Combinar todas as peças é a parte mais difícil do processo de se vestir. Muitos homens escolhem camisas ou gravatas lisas por duvidarem de sua capacidade de criar um visual completo. Depois de identificar o caimento certo para você, as dimensões e a proporção são fundamentais. A dimensão da padronagem ou estampa da gravata pode ser maior ou menor do que a da camisa, mas não pode ser igual. Do mesmo modo, a dimensão das listras ou padronagem do terno ou blazer esporte deve ser diferente da que está na camisa. Por exemplo, quando você usar uma camisa com padronagem xadrez grande, a padronagem da gravata deve ser pequena ou estreita (como pontinhos ou bolinhas). Se usar uma camisa com listras finas, escolha uma gravata de listras mais grossas. A justaposição do grande com o pequeno deixa as duas peças estilosas, compondo um visual bem-sucedido. Veja mais dicas na página 80 (Gravatas, colarinhos, lapelas e afins).

Ao escolher uma gravata, vá de cores que reflitam as da camisa. Estampas (como paisley, pontinhos, animais ou flores) vão bem com listras quando os tons são parecidos, mas as dimensões são diferentes. Se você gosta de padronagens mais detalhadas na camisa e na gravata, deixe o paletó ou blazer esporte neutro. Além disso, pense em sofisticar o visual com um lenço de bolso. A forma mais fácil de acrescentar esse acessório é escolher um lenço branco de linho, muito bem-passado e dobrado de modo que haja um pedaço saindo do bolso (não mais do que 1,3cm). Se quiser ousar mais, escolha um lenço estampado ou com bordas coloridas que combine com a camisa e a gravata. Veja a página 81 (Lenço de bolso) para mais dicas sobre esse acessório.

Calças

Uma camisa que não lhe cai bem pode ser escondida sob um paletó, mas uma calça grande, apertada, comprida ou curta demais sempre vai ser notada. Portanto, examine as calças do seu guarda-roupa e veja se elas combinam com seu biotipo.

A frente da calça

A primeira coisa que procuro ao examinar o armário de um cliente novo são calças sociais com pregas. E sabe de uma coisa? Raramente encontro um armário de executivo sênior sem elas. Meu conselho: se você tiver alguma, corra para casa e jogue fora. Geralmente há dois motivos para ter calças sociais com pregas: você é de uma geração que acredita que esta é a única opção disponível para maximizar o espaço na parte de trás da calça ou é tão antenado em moda (e há uma boa probabilidade de também ser jovem) que este modelo o agrada e faz com que se sinta estiloso. E há um terceiro motivo: talvez você não compre roupas novas há muito, muito tempo.

A calça social sem pregas fica bem em todo mundo. Por acaso ela está na moda agora, mas sempre estará na minha lista de peças obrigatórias. Às vezes surge uma tendência tão boa que entra para a história da moda: a calça social sem pregas é um desses casos. Na verdade, muitos homens na casa dos vinte anos não conhecem outro tipo de calça, enquanto quem está na casa dos sessenta ainda está tentando lidar com essa mudança de estilo. As calças sociais com pregas já foram consideradas mais formais do que as sem pregas, mas agora parecem apenas conservadoras e antiquadas, dependendo de quem usa (a menos que o homem em questão seja alto, magro e o estiloso do escritório). Quanto ao "espaço extra na parte de trás" pelo qual as calças sociais de pregas eram tão elogiadas, os homens e os estilistas de calças masculinas ajustaram suas expectativas e finalmente chegaram a um meio-termo.

A calça sem pregas tradicionalmente tem barra reta, enquanto a pregueada tem bainha. A mistura de pregas e bainha chama muito a atenção para a parte de baixo do corpo de quem veste. Além disso, o corte mais cheio engorda e deixa as pernas mais compactas. A bainha da calça está diretamente relacionada à altura, então se você tem problemas nesse departamento, saiba que ela vai deixá-lo mais baixo. (No extremo oposto, o atleta profissional muito alto também costuma ter problemas aqui, pois usar a bainha para encurtar as pernas também vai chamar a atenção para elas.) Por isso, não recomendo esse estilo para o homem comum.

Alerta de estilo: *Se você tiver uma cintura de tamanho 46 ou maior, as calças com pregas vão deixá-lo mais gordo.*

Caso o seu armário esteja cheio de calças com pregas e bainhas, você tem duas opções. Uma delas obviamente é ir às compras. A outra é fazer alguns ajustes nas calças que você já tem para retirar as pregas e desfazer a bainha (em termos de moda, as calças de uma prega podem ficar sem bainha, o que não acontece com as calças de duas pregas). Se você for um sujeito comum, de 1,70m e cintura tamanho 46 ou maior, comece a fazer os ajustes e corra para as lojas.

Alerta de estilo: *A calça sem pregas e de bainha simples funciona para todo tipo de altura, peso e corpo.*

O tamanho da barra

Uma das perguntas que os clientes mais me fazem é: "Qual deve ser o tamanho da barra da minha calça?" É para saber até onde vai o tecido da calça que fica acima do sapato. Existem três respostas, dependendo do visual desejado. O estiloso pode escolher e usar a calça com a barra mais curta, que vai até a ponta do sapato, deixando à mostra a meia estampada. Já o sujeito que "trabalha até às duas da manhã" (você o conhece pelas manchas na gravata e por usar as mangas arregaçadas o tempo todo) pode deixar a barra mais lá embaixo, cobrindo um pouco o sapato. Esta sobra dá margem para que o tecido encolha, mas passa a impressão de excesso de tecido na parte de baixo da perna. Prefiro a barra média, que termina mais ou menos 2,5cm acima da sola do sapato. É um visual arrumado, elegante e passa uma mensagem neutra em termos de estilo com base num bom caimento. A barra da calça não é o lugar para ousar no estilo.

Cáqui: cor ou material?

O termo "cáqui" geralmente se refere a um tipo de calça de algodão, embora seja comum ver a palavra usada para descrever uma cor. Essa calça evoluiu do traje casual e passou a ser adequada ao ambiente de trabalho e a ter modelos que dispensam o ferro de passar. A marca Bonobos identificou uma demanda no mercado por uma calça estilosa e casual para o escritório, por isso costumo recomendá-la aos meus clientes. A calça na cor cáqui vai bem com uma camisa social casual, cinto marrom e sapatos também marrons se a temperatura estiver mais quente. Nos meses de inverno e para dar variedade ao guarda-roupa casual para o trabalho, faça um estoque de calças sociais cinza e pretas que não precisem ser passadas (ou então se comprometa a lavar a seco ou usar o ferro de passar) para combinar com camisas de colarinho americano, suéteres e acessórios pretos.

Contudo, nem todas as calças são iguais. As calças cáqui feitas de algodão são diferentes das de gabardina e lã na cor cáqui. E uma calça que não amarrota é diferente de uma amarrotada. Num ambiente mais formal, a melhor calça para usar quando não estiver de terno é a de gabardina. Obviamente, é preciso pensar no clima ao escolher o tecido das suas calças. É sempre bom ter uma calça luxuosa e jovial: em cidades mais quentes pode ser de algodão, enquanto que em cidades mais frias o tecido ideal seria a lã.

Moda básica para homens

As primeiras cores a serem incluídas na sua coleção de calças serão azul-marinho e carvão. Elas são ótimas cores básicas, fáceis de combinar e que funcionam bem com blazer esporte, camisa e gravata. À medida que for aumentando o guarda-roupa profissional, acrescente calças num tom claro de cinza, canela, marrons e pretas. Apenas lembre-se de que acessórios marrons e roupas pretas não combinam!

Ternos

Os ternos são o uniforme oficial da sala de reuniões. Peça básica usada nos últimos cem anos, sem dúvida evoluiu muito. Apesar das mudanças como largura da lapela e número de botões ou aberturas, além das alterações no código de vestimenta aceito pelo mercado, o terno continua sendo a definição máxima do traje que representa poder. O estilo do Vale do Silício pode até funcionar em alguns ambientes, mas um terno bonito vai funcionar em todos os lugares. Ele faz você parecer importante diante dos outros e projeta uma aura de poder. Na verdade, o apelo incansável deste uniforme é atraente para muitas mulheres que odeiam o fato de o guarda-roupa feminino oferecer tantas opções!

Nos últimos dez anos, o uso do terno mudou para muitos homens, passando de uniforme do dia a dia para o traje escolhido "apenas quando vou encontrar clientes". O único requisito constante é que, independente de estar usando terno para uma entrevista de emprego, reunião com cliente, tocar o sino em Wall Street ou celebrar o fechamento de um negócio, ele *tem* que cair bem em você. A melhor parte da moda hoje em dia é que ser fashion a preços acessíveis está mais fácil do que nunca, então você não precisa pagar uma fortuna num terno, desde que gaste um pouco num bom alfaiate. Já trabalhei com vários alfaiates pelo mundo para ajustar ternos e enganei até os olhos mais treinados com ternos fabulosos que custaram 250 dólares (cerca de 600 reais) — adoro a marca Alfani, da Macy's. Não estou dizendo para comprar seus ternos em locais no estilo "chique e barato", e sim que é possível ter boa qualidade gastando pouco, especialmente se você cuidar bem da roupa. Comprar um terno é um investimento.

Comprar na loja ou ajustar?

Os ternos são feitos para serem ajustados. Saia de casa já sabendo que a probabilidade de conseguir usar amanhã o terno que comprará hoje é praticamente nula. A maioria das marcas sofisticadas e de luxo ainda faz ternos da maneira tradicional, em que o paletó e a calça têm tamanhos que combinam e são vendidos em conjunto. A barra da calça em geral não vem acabada e o paletó precisa de ajustes.

Mais recentemente, as lojas passaram a vender as peças do terno separadas. Dessa forma é possível escolher as roupas mais próximas do seu tamanho exato. Por exemplo, você pode escolher uma calça 46 e um paletó 54 (tamanho que geralmente vem com uma calça 48). Comprar separadamente é uma ótima solução em tempos de crise econômica e excelente para recém-formados, desempregados e pessoas que usam terno no dia a dia e querem variedade. Geralmente descubro que as peças separadas imitam melhor o terno feito sob medida do que o modelo comprado em conjunto, mesmo que este geralmente custe mais e seja feito de um tecido de maior qualidade. E com as peças separadas ainda é possível comprar mais uma calça para aumentar a longevidade do terno, sugestão que faço com frequência aos clientes que compram ternos feitos sob medida.

Alerta de estilo: *Reforce a parte de trás da calça para evitar rasgos na barra e, sempre que possível, compre um segundo par de calças para aumentar a vida útil do seu terno.*

Se você está começando agora a sua coleção de ternos, compre um azul-marinho e outro cinza em um tecido de lã mais leve. O azul-marinho fica bem em quase todos os homens e é fácil de combinar até para o mais novato no assunto. Um terno azul-marinho liso pode ser versátil se você quiser tirar o máximo de um guarda-roupa limitado, pois o paletó se transforma num blazer para ser usado com jeans ou outra calça, e a calça sempre pode ser usada com uma camisa social. O segundo terno, por sua vez, deve ser num tom médio de cinza ou carvão, liso ou um risca de giz discreto.

O truque para escolher o tipo certo de risca de giz consiste em ficar a uns três metros do espelho: se o terno parece ser liso com listras bem suaves, você acertou na mosca! Se conseguir ver as listras, virou um terno memorável — um desafio e tanto quando se está trabalhando com orçamento e guarda-roupa limitados. A sua imagem sofisticada deve ficar na memória

Moda básica para homens

das pessoas — e você não quer ser lembrado como o cara que só usa terno risca de giz.

Depois de formar a sua coleção de ternos, aprofunde-se nos modelos com risca de giz mais brilhante, em padrão espinha de peixe ou cores como cáqui e cinza claro, além dos tons de azul, marrom ou verde-oliva e tecidos da estação como linho e anarruga.

Caimento

Independente de escolher um terno customizado ou comprar um parecido na loja, é importante ter em mente algumas diretrizes de estilo.

Os tamanhos de paletó são os seguintes, de acordo com a altura:

Curto: até 1,75m
Regular: de 1,78 até 1,83m
Longo: de 1,83 até 1,93m
Extra-longo: de 1,93m em diante

Ombros

O caimento do terno nos ombros é fundamental e geralmente vai dizer se você precisa de um terno customizado. O paletó não deve ficar apertado nas costas e as ombreiras devem ir além da medida dos ombros. Olhe-se num espelho triplo e avalie a situação com um alfaiate. Se houver muitas linhas horizontais, o paletó está apertado demais. Se houver muitas linhas verticais, está grande demais.

Colarinho

O colarinho do paletó deve ter caimento reto em relação ao da camisa social, deixando à mostra 1,3cm do colarinho da camisa.

Punho

O paletó do terno é tradicionalmente feito para ser mais curto nos braços. A camisa deve ficar com 6mm à mostra por baixo do punho. Isso significa que o paletó vai terminar mais ou menos na região do pulso.

Comprimento

O paletó do terno deve terminar abaixo das nádegas. Geralmente, ele termina exatamente nas nádegas ou onde ficam os nós dos dedos quando você está com os braços estendidos ao lado do corpo. Caso isso não aconteça, verifique se não está usando um modelo curto ou longo por engano.

Alerta de estilo: *Como todas as regras da moda, estas também não são imutáveis. Já vesti um homem "baixo" que deveria usar o modelo curto por ter 1,72m num paletó normal porque o estilo era mais contemporâneo e mais adequado ao físico dele. E lembre-se de que o caimento pode mudar dependendo da loja. Conhecimento é tudo para criar o seu visual!*

Aberturas

Os paletós vêm com uma abertura central, duas laterais ou sem abertura alguma. A abertura no meio é um estilo historicamente norte-americano e mais casual, enquanto as laterais são de elegância tipicamente inglesa e o estilo sem abertura, italiano. Quando há opção, tendo a preferir as aberturas laterais porque mantêm o paletó mais harmonioso durante os movimentos feitos ao longo do dia (como sentar e levantar, colocar e tirar as mãos do bolso). Fuja do paletó sem aberturas, a menos que o objetivo seja ajustá-lo para o seu tipo físico.

Estilo de paletó

Os homens têm opção de ternos com abotoamento simples ou duplo. Embora ambos tenham tido seus momentos na história da moda, costumo preferir a primeira opção. Os de abotoamento duplo podem ficar bem na pessoa certa, mas fazem a maioria dos homens parecer mais barrigudos (ou apenas velhos e antiquados). Se você é mais alto, pode usar três botões no torso. Do contrário, um terno de dois botões em que eles fiquem numa

Moda básica para homens

altura um pouco maior que a usada nos ternos da década de 1970 vai ficar ótimo. Quanto ao caimento, o botão de cima num terno de dois botões ou o do meio num de três não deve ficar abaixo do umbigo. Estes são os mesmos (e únicos) botões que devem ser fechados em ternos.

Diretrizes para ajustes

Se você preferiu um terno sob medida, pode se dar ao luxo de seguir algumas destas dicas para exibir o seu investimento, mesmo se for o único que vai apreciar essas características personalizadas.

Lapelas

Escolha entre as lapelas peak (pontiaguga), notch (triangular) ou xale. O estilo pontiagudo mais largo e anguloso dá um ar dramático, enquanto um xale mais suave e arredondado costuma ser visto em smokings. A lapela notch, com um entalhe bem-definido entre as partes superior e inferior, é um padrão e sempre estilosa.

Botões

Os botões funcionais nas mangas (também conhecidos como "mangas de cirurgião" porque podem ser abertos, permitindo ao dono arregaçá-las) mostram que o terno é customizado, enquanto a casa de botão na lapela é o toque final. Opte por cores contrastantes em uma ou nas duas regiões para realmente fazer seu investimento ser visto. Se você foi por esse caminho, pode se gabar!

Bolso exterior

Este tipo de bolso está logo acima do bolso direito normal do terno, que fica na altura do quadril. É a marca registrada que muitos homens acrescentam ao terno feito sob medida. Você até pode não colocar nada nele, mas o que vale é o fato de conseguir se distinguir do homem comum. Nesse quesito, gosto que todos os bolsos da cintura sejam retos em vez de curvos, para minimizar os quadris.

Forro

Quando pendurar o paletó na cadeira durante a próxima reunião, deixe sua marca. Escolha um forro de cor ousada ou estampa divertida que seja exclusivamente seu. Também é possível forrar o colarinho e, claro, colocar um monograma no bolso interno. Quando era criança, minha mãe e eu tínhamos o hábito de mandar gravar mensagens ocultas (como "Eu te amo" ou "Melhor pai") nas roupas do meu pai.

Suéteres e roupas para usar como camada externa

No inverno, a camada de roupa mais pesada deve ser a primeira que as pessoas notam. Seja o suéter que você usa o dia inteiro no escritório ou o casaco com o qual você chega a uma reunião, sempre é bom deixar uma impressão positiva.

Suéteres

Se você trabalha num ambiente casual, o suéter pode fazer parte do seu uniforme de inverno. Escolha estilos elegantes em lã ou cashmere. Os estilos com zíper e polo estão entre os que mais funcionam para todos os tipos físicos e ambientes de trabalho. O suéter fechado sem gola ou com gola V, bem como os cardigãs, são estilos tradicionais e aceitáveis no escritório. Porém, eles chamam a atenção para a barriga, então evite usá-los se estiver com uns quilinhos a mais. A gola rulê também pode ser adequada para o local de trabalho, mas tenha cuidado com a gola mock neck, pois é meio antiquada.

Alerta de estilo: *Examine os suéteres todo ano e pare de usá-los no trabalho se estiverem com bolinhas, esticados demais ou roídos por traças.*

Casacos

Vista-se de acordo com o clima da sua região, e deixe a compra do casaco por último se não precisa usá-lo diariamente no inverno. Se você vai usar um casaco para trabalhar, use um que lhe caia tão bem quanto as suas roupas (e que não seja muito justo, para acomodar bem as camadas de roupa que vão por baixo). Prefiro os estilos versáteis de forro removível. Os sobretudos na altura do joelho ou esporte funcionam bem e combinam com a maioria dos ambientes casuais (ou mais elegantes). Nos meses mais frios, procure um casaco de inverno que tenha linhas clean e estilo simples para não fazer volume.

Considerações finais

Os homens têm muita sorte! Não precisam ter charme para estar bem-vestidos. Escolha sempre o modo sofisticado em vez de casual, saiba o seu tamanho, entenda de proporções e priorize a aparência elegante e refinada. Manter a aparência não amarrotada e a higiene pessoal em dia é algo que até o sujeito com maiores dificuldades para entender de estilo consegue fazer.

O "CERTO" E O "ERRADO" NO AMBIENTE DE TRABALHO

Certo: evitar calças com pregas — elas dão uma aparência antiquada e ainda por cima engordam. Os modelos sem pregas são mais estilosos e emagrecem.

Errado: obrigar-se a escolher entre a classe e o conforto. Sapatos oxford e loafers podem unir a formalidade do sapato social ao conforto de um tênis. Use-os para trabalhar *e também* para se divertir.

Certo: verificar se há sinais de desgaste ou desleixo em suas peças. Sapatos não engraxados, mangas puídas e manchas nas axilas passam longe do profissionalismo.

(Continua)

Errado: subestimar a importância da boa higiene pessoal. Mantenha uma rotina de hábitos meticulosos, incluindo cortar o cabelo e as unhas regularmente.

Certo: combinar a *calça* com as *meias*, pois alonga a silhueta e moderniza o visual. Combinar o sapato com o cinto, por sua vez, equilibra adequadamente o traje. Evite cintos volumosos com enfeites berrantes.

Certo: manter uma aparência saudável e investir em camisas que não precisam ser passadas num ferro a vapor ou frequente a lavanderia a seco local de modo a evitar o visual amarrotado e cansado.

Errado: usar a roupa de trabalho como oportunidade equivocada de expressão pessoal. Fique longe de gravatas ousadas, joias muito grandes, logotipos e qualquer coisa que chame muito a atenção.

Certo: vestir-se de acordo com o clima. Camadas leves, bem como tecidos naturais e respiráveis permitirão o controle da própria temperatura. Não use chinelos de dedo, topsiders ou crocs no verão e muito menos botas de escalada com terno.

Errado: se expor demais. Em certos momentos tatuagens e piercings não devem ficar à mostra. Não permita que gafes como essas prejudiquem a sua oportunidade de subir na carreira.

4

ACESSÓRIOS FEMININOS E MASCULINOS

Acessórios são excelentes para quebrar o gelo. Um par de sapatos estilosos, abotoaduras interessantes ou uma joia ousada podem iniciar uma conversa ou chamar a atenção num evento importante. Veja os acessórios como um importante toque final na sua aparência.

Os encontros pessoais podem demonstrar a importância dos acessórios no ambiente de trabalho. Peter estava usando uma gravata Hermès — considerada a melhor gravata que existe por quem entende do assunto — quando conheceu o seu futuro chefe. O executivo sênior, que acabaria o contratando como consultor, elogiou imediatamente a gravata. Embalado pelo sucesso do primeiro contato, Peter usou várias gravatas da mesma marca nas entrevistas seguintes e um belo vínculo se formou entre os dois. É claro que a oferta de emprego não se baseou apenas na gravata, mas essa ferramenta deu a ele uma vantagem interessante. Na verdade, ela é usada por vários lobistas e banqueiros para criar vínculos com os clientes, seja destacando interesses em comum ou o apreço pela alta-costura. Portanto, este acessório pode ser muito útil. Os homens às vezes acreditam que são reconhecidos apenas pela capacidade intelectual, mas isso definitivamente não é verdade.

Neste capítulo, vamos abordar a altura do salto mais adequada para as mulheres de negócios, como escolher a bolsa certa para representar a sua marca pessoal, quando investir em joias e vamos ver orientações para usar meias e roupas íntimas no trabalho, e também dicas e estratégias para escolher acessórios variados. Os homens, por sua vez, vão aprender os fundamentos para combinar estampas, padronagens e listras, que tipos de sapato são adequados para o escritório e como comprar acessórios para usar no trabalho.

Acessórios femininos

Acessórios são divertidos de comprar porque você raramente precisa se despir num provador ou analisar o visual completo. Contudo, a escolha do par certo de sapatos, da bolsa ideal ou da joia marcante pode deixar o seu visual mais sofisticado ou casual. Não compre mais do que precisa apenas porque é fácil comprar peças dessa categoria.

Sapatos

Comprar sapatos é estimulante para muitas mulheres. Você sempre acha um par de que gosta, eles quase sempre caem bem, mesmo quando nada mais serve e o preço (geralmente) não faz um estrago na conta bancária. Independente de ser curvilínea ou reta, baixa ou alta, tamanho 33 ou 46, o sapato é o nivelador universal.

Os melhores sapatos para usar no trabalho são os que deixam você confortável e confiante o dia inteiro. Atualmente, muitas mulheres usam sapatos sem salto que lhes dão um ar de matronas ou saltos altos estilosos com que mal conseguem andar, mas há alternativas. Em vez de trocar as sapatilhas pelo "salto para trabalhar" na sua mesa (diante de todo mundo, com grande probabilidade de já ter causado uma má impressão) ou estragar um visual com sapatos confortáveis porém feios, vamos identificar o sapato ideal para usar no trabalho.

Altura do salto

Os saltos com mais de oito centímetros podem ser lindos, mas não são ideais nem confortáveis para usar o dia inteiro. Muitas mulheres se sentem atraídas pelos saltos altos, como se alguns centímetros a mais equivalessem a alguns quilos a menos, mas tenha cuidado: isso é pura ilusão. Se você é uma das poucas mulheres que se sentem mais confortáveis de salto alto do que descalças, pode muito bem ser vista com eles no aeroporto ou numa voltinha no shopping. Porém, se o salto alto for parte do seu arsenal de trabalho, mas lhe causa enorme desconforto, experimente um par pelo menos 2,5cm mais baixo. Ele vai alongar a silhueta da mesma forma, mas será consideravelmente mais confortável. Salvo exceções motivadas pelo clima, ninguém deve trocar de sapatos no elevador (nunca se sabe quem vai estar lá com você) ou usar calças num comprimento que não combine com os sapatos que usa no transporte público (ou no trabalho). Reclamar da dor nos pés no escritório ou mancar não é bem-visto. E pés felizes deixam uma mulher contente!

Existe hora e lugar para cada altura de salto, basta saber quando usar. Os sapatos devem ajudar a passar uma mensagem. Saltos altíssimos (acima de dez centímetros) não devem ser usados no escritório, mas saltos altos (de 7,5cm) podem ser adequados se você os achar confortáveis, enquanto o

A BÍBLIA DO ESTILO

salto médio (entre cinco e seis centímetros) é o tamanho perfeito para usar no trabalho, além de ser recomendado pelos médicos para as que preferem usar saltos e podem ser encontrados em vários estilos. O salto gatinho ou Sabrina é um dos meus favoritos: entre 2,5cm e três centímetros, fica maravilhoso com calça. Estes saltos baixos e versáteis são estilosos *e* confortáveis para usar o dia inteiro!

Se você prefere sapatilhas, as de bico fino são mais chiques para o trabalho. As sapatilhas andaram incrivelmente populares nos últimos anos e funcionam bem nos ambientes menos conservadores, embora sejam difíceis de combinar com roupas sociais. Se você precisa de mais apoio, pense em sapatos com um salto anabela baixo ou de dois centímetros. O tradicional estilo penny loafer, similar a um mocassim, também pode ser adequado para o trabalho, mas procure alternativas mais elegantes em couro envernizado ou com detalhes sofisticados. Se você preferir os sapatos sem salto, faça deles uma ferramenta de sucesso no arsenal para montar a sua imagem no trabalho.

Quando entrei no armário da minha cliente Lacey pela primeira vez, fiquei empolgada ao ver que ela tinha uma coleção bem divertida de sapatos em local de destaque. Imediatamente vi modelos clássicos: de bico fino, scarpin preto de couro envernizado, sapatos divertidos de tweed, salto Sabrina na cor magenta berrante, salto anabela de oncinha e sapatilha dourada. Porém, numa inspeção mais detalhada, identifiquei um pequeno problema: todos pareciam novos. Lacey amava comprar sapatos e queria desesperadamente usar seus modelos "divertidos", mas o sapato do dia a dia era um loafer preto de salto quadrado que ela usava com meias de algodão.

Lacey comprava sonhando e imaginando uma vida diferente por meio dos sapatos que escolhia. Ela soltava a diva interior no mundo das lojas, mas quando trazia as compras para casa, a realidade a ancorava de volta à terra firme. Os seus sapatos eram fabulosos e exatamente o que ela deveria estar usando. Aos 41 anos, minha cliente era jovem demais para se limitar aos sapatos ortopédicos da vovó! Colocamos o loafer lado a lado com o scarpin clássico de couro envernizado e comparamos os dois. O primeiro diz "pareço velha e meus pés doem" enquanto o outro (razoavelmente confortável, com saltos de seis centímetros) diz "sou estilosa, moderna e descomplicada". Pela primeira vez Lacey entendeu a percepção que os outros tinham a seu respeito. E não gostou da imagem que passava. As roupas, os sapatos e os acessórios ajudam a contar a nossa história. Faça um esforço e trabalhe bastante para construir a imagem certa.

Acessórios femininos e masculinos

Alerta de estilo: *Nem as profissionais mais velhas precisam se vestir "como a vovó". Escolha sapatos sem salto cheios de estilo e modernos, confortáveis e que deem aquele charme ao seu andar!*

Evite sapatos que pareçam sofisticados, mas que são feitos de tecidos stretch, modelos sem cadarço com elásticos dos lados, loafers que não sejam do tipo penny loafers, modelos parecidos com sapatos masculinos e mules pesadonas, especialmente quando usadas com meias. Na verdade, as meias casuais grossas não devem ser usadas no escritório, ou pelo menos não devem estar visíveis. Experimente usar botas no inverno para cobrir os tornozelos ou opte pelas meias sociais ou três-quartos para esquentar.

Estilo de sola

Depois de identificar a altura do salto perfeita, é hora de definir a ousadia do estilo. Embora existam muitos modelos clássicos, além de novas tendências lançadas a cada estação, andar pela passarela do escritório com um par de sapatos Christian Louboutin vai concretizar todo o seu potencial de sapato poderoso. Conheço mulheres que mal podem esperar uma grande promoção para poderem comprar o primeiro par e outras que colecionam modelos desde que Carrie Bradshaw se apaixonou pelos Louboutins no seriado *Sex and the City*. Independente de ter bico fino ou redondo, ser stiletto ou ter saltos robustos, a lendária sola vermelha discretamente diz ao seu público-alvo que você venceu na vida.

Os melhores tipos para usar no trabalho são de bico fino, oval, em formato de amêndoa ou arredondado (veja a lista de sapatos elegantes e confortáveis no Capítulo 7). Qualquer marca é aceitável, mas sapatos de bico quadrado ou muito arredondados dão uma aparência mais casual e podem parecer fora de moda. Um salto stiletto ou um salto mais grosso é adequado para o escritório. O stiletto é mais fino (e muitos acham mais sexy), enquanto o salto grosso dá mais conforto e apoio, sem deixar de ser estiloso.

Os modelos anabela são a adição mais recente à passarela do escritório e tendem a ser mais populares nos meses mais quentes. Os sapatos pretos de couro envernizado são clássicos e atemporais, podendo ser usados o ano inteiro. Um salto nude que combine com o seu tom de pele vai ajudar a alongar as pernas quando estiverem à mostra, enquanto um toque de cor em camurça ou couro vai dar um brilho a visuais monocromáticos. Escolher modelos com uma plataforma fina embaixo da bola do pé vai adicionar a altura que muitas mulheres desejam num sapato para usar no escritório sem sacrificar o conforto.

Sapatos abertos

Se o código de vestimenta do seu escritório permite sapatos abertos, uma boa diretriz é usar um par aberto na frente ou atrás, mas não os dois ao mesmo tempo. O estilo peep-toe ou sling-back mistura a seriedade de um scarpin com a sensualidade de uma sandália sem os efeitos sonoros. Não seja conhecida como a mulher que sai fazendo *claque-claque* pelos corredores do escritório! Se você trabalha num ambiente muito casual em que os colegas usam chinelos de dedo, escolha algo mais profissional, como uma sandália sem salto ou de salto anabela baixo. Não importa o estilo que você escolha, estar com a pedicure em dia e com os pés limpos e bem-cuidados são os seus melhores acessórios.

Botas

Nos meses mais frios, as botas dão um toque divertido ao guarda-roupa para o trabalho. Não importa se você está comprando ankle boots ou os modelos de cano até o joelho, escolha linhas simples e elegantes, evitando modelos excessivamente robustos e pesados. As ankle boots podem ter saltos grossos, stiletto, anabela ou não terem salto. Além disso, escolha modelos de bico fino ou redondo e evite botas de caubói, botas de escalada ou qualquer coisa do gênero. Botas na altura do joelho com vestidos ou saias podem ser muito glamourosas, mas é fundamental que elas tenham o mínimo de enfeites. As botas devem alongar a silhueta, então procure modelos sem cadarço ou com zíper que sejam de couro ou de uma mistura de couro e tecido para ter o máximo de sofisticação. Se você trabalha num ambiente mais informal e quer usar as botas por cima da calça, o estilo deve ser simples. As botas mais elaboradas de montaria, motociclismo e Uggs não pertencem ao ambiente de trabalho.

Acessórios femininos e masculinos

Bolsas

Seu visual não vai apenas da cabeça aos pés: ele também inclui o que você carrega. A bolsa representa uma oportunidade de complementar ou melhorar o seu estilo. Já que você se empenhou tanto para se vestir de modo eficaz, não se esqueça de usar uma bolsa de acordo com o seu estilo de liderança.

A bolsa pode passar uma ideia de "cansada e desleixada", "organizada e preparada" ou "moderna e estilosa" mais rápido do que você imagina! As mulheres geralmente preferem abrir mão (ou se esquecem) de investir nesse elemento fundamental do estilo, além de ser uma ferramenta para organizar seus pertences. O maior deslize cometido por elas nessa área é usar uma bolsa gasta com alças que estão prestes a arrebentar ou combinar bolsas extremamente casuais com roupas sociais. Não use uma bolsa que pareça de baixa qualidade, ou ela vai quebrar o visual de profissional bem-sucedida, e não use uma bolsa mais informal do que a roupa. Definitivamente não é preciso combinar a bolsa com a roupa o tempo todo, mas tente combinar os estilos.

Ao comprar uma bolsa, escolha uma que esteja de acordo com a sua filosofia (e não com os seus sapatos). Decida se você é o tipo de pessoa que gosta de trocar de bolsa todo dia ou se usa o mesmo modelo clássico por vários anos. Use seu dinheiro com inteligência: em vez de comprar muitas bolsas baratas, invista em uma de boa qualidade. Procure uma cor e um material versáteis. O couro preto certamente é o mais popular, embora existam diversas opções para quem prefere evitá-lo por uma questão de princípios. Analise o seu guarda-roupa: se as roupas têm muitas cores, uma bolsa neutra caramelo, marrom, preta ou em tom metálico (como prata ou bronze) vai combinar com tudo. Por outro lado, se seu armário estiver cheio de roupas em tons neutros você pode usar uma bolsa mais ousada em cor brilhante como vermelho, burgundy, azul-cobalto, verde-oliva ou berinjela. Couro texturizado ou tratado e tecidos texturizados, estampados ou brilhantes também podem dar um toque de estilo ao guarda-roupa neutro de uma executiva. Embora não haja problema se a bolsa não combinar exatamente com a roupa, é bom verificar se ela não tem um estilo ou cor radicalmente diferente do resto. Isto é: não use bolsa cor de chocolate se você veste preto todos os dias.

Ao escolher o tamanho preferido, procure uma bolsa que dê equilíbrio a sua forma e peso. Bolsas pequenas deixam você mais alta, enquanto as maiores diminuem a silhueta. Você carrega a bolsa no ombro, na dobra do cotovelo ou na mão? Tente colocar os objetos pessoais dentro da bolsa ainda na loja para ter certeza de que cabe tudo sem criar volumes desagradáveis. Para um visual que lhe caia bem, escolha a bolsa contrária ao seu tipo de corpo: se você é curvilínea, escolha uma bolsa com linhas retas e definidas para estruturar a sua forma, como uma bolsa totem com alças na parte de cima. Se você é alta ou tem traços angulosos (como rosto de traços bem-definidos ou cabelo bem liso), uma bolsa com alça de ombro arredondada e no estilo boho vai lhe cair bem. Também é possível usar uma bolsa que misture as duas formas, o objetivo é comprar algo que fique bem, não apenas que você gostou.

O preço certo

Ao investir numa bolsa de qualidade para trabalhar que combine com as suas roupas e passe a mensagem desejada, pense no custo por utilização. Não fique assustada com o preço da etiqueta. Uma roupa de aparência cara não deve ser usada com uma bolsa de couro artificial que custou oitenta reais. Embora seja possível fazer com que roupas pareçam mais caras do que são com ajustes e acessórios, a bolsa é uma peça marcante por natureza que deve ser escolhida cuidadosamente. Estime o preço de uma bolsa levando em conta a quantidade de dias em que espera usá-la: uma bolsa de trezentos reais, se for usada diariamente por um ano, custará menos de um real por dia. Caso ela dure dois anos, o custo diminui ainda mais!

Para investir em material de alta qualidade, espere gastar entre entre 200 e 800 reais na bolsa para usar no trabalho (couro artificial, a menos que seja texturizado, não combina muito com o ambiente corporativo e tende a não durar muito). As principais lojas americanas de roupas para o escritório como Banana Republic, J.Crew, Talbots e Ann Taylor, assim como lojas de departamentos e butiques, fornecem uma vasta gama de opções nessa faixa de preço. Se você se sente mais confortável com um preço mais acessível, procure liquidações e outlets e encontre a sua bolsa fabulosa pagando menos.

Para chamar a atenção com a bolsa, pense numa peça de marca famosa ou de status. Elas podem custar cerca de 1.800 reais ou mais, dependendo da marca e do tecido. Uma bolsa de grife pode ter logotipo visível, como as da Gucci ou Louis Vuitton, ou um design impecável e bem-definido com presença de marca discreta, como as da Marc Jacobs ou Céline. As mulheres que trabalham em indústrias mais criativas podem ter mais interesse em adquirir bolsas de status para impressionar colegas e clientes, mas elas são relevantes e eficazes para qualquer pessoa que deseje fazer esse investimento. Por sinal, há um estilo que é gafe certa no escritório: bolsas de grife falsificadas! Se você quer uma verdadeira mas não pode comprar, encontre algo com estética semelhante ou escolha a sua bolsa de grife e comece a economizar!

Alerta de estilo: *Assim como as roupas, bolsas têm data de validade. Quando estiverem desgastadas ou manchadas, devem ser descartadas. Se for uma daquelas bolsas difíceis de largar, não a use todos os dias. Outra opção é visitar um bom sapateiro ou loja de couro: eles podem fazer milagres. Caso tenha uma bolsa valiosa que simplesmente não serve mais para você, mas que ainda está em boas condições, pense em vender para ajudar a pagar a próxima aquisição.*

Organizando o interior da bolsa

Num evento de networking, alguém pede o seu cartão: você consegue tirar um rapidamente do seu porta-cartões elegantérrimo ou da sua carteira bem-organizada ou fica fuçando entre lápis coloridos, panfletos de restaurantes e escovas de cabelo para encontrar um jogado no fundo da bolsa? A jornada não termina com a compra da bolsa dos seus sonhos: o interior dela também é importante! Costumo levar as clientes para comprar bolsas, mostrar quais estilos ficam bem nelas, além de ensinar o que esperar dessa peça: uma boa bolsa deve ser confortável de carregar, estilosa de olhar e útil para organizar a sua vida agitada!

Como o seu guarda-roupa, a bolsa *não* deve servir de depósito, e sim fornecer uma forma de organizar seus objetos essenciais tornando-os fáceis de encontrar enquanto você estiver na rua. Algumas mulheres gostam de comprar bolsas com várias subdivisões internas, mas há outras formas de manter a organização. Verifique se consegue fechar totalmente a carteira (e confira se ela está em boas condições). Se você guarda recibos e notas fiscais, armazene-os em outro lugar, num pequeno envelope de couro. Se você anda com uma série de cartões de desconto ou de clubes, academias e empresas, guarde tudo num porta-cartões separado para facilitar o acesso. Carrega maquiagem ou acessórios para o cabelo? Organize-os! Pegue seus batons ou pós compactos e coloque-os numa pequena bolsa com zíper, assim eles ficam fáceis de encontrar para dar aquele retoque rápido no visual. Nunca se sabe quando alguém vai dar uma olhada dentro da sua bolsa. Ela pode ser propriedade privada, mas se você parecer desorganizada ou usar objetos antiquados ou gastos, as pessoas vão notar.

Como guardar objetos tecnológicos

Se você carrega um notebook, tablet ou arquivos em papel, então invista em formas adequadas de guardá-los. Infelizmente os livros são julgados pela capa e o mesmo vale para os seus objetos! Uma capa ou um estojo de material mais consistente é uma boa ideia para guardar notebooks e tablets, enquanto uma pasta de couro é uma escolha refinada para um bloco de anotações, arquivos ou papéis e cabe facilmente numa bolsa maior. Se esses itens ocupam muito espaço, pode ser uma boa ideia pensar numa bolsa de lona separada para eles. Se o trabalho obriga você a carregar um computador todos os dias, pense em investir numa bolsa ou pasta de couro sofisticada e de alta qualidade para notebook, como as da marca Tumi. Se você só precisa carregar esses equipamentos de vez em quando, as bolsas de nylon com zíper como as da Longchamp ou Kate Spade (segredo de estilo: as bolsas para fraldas da marca são ótimas sacolas!) podem ser boas escolhas. Você também pode ajudar o meio ambiente e apoiar causas com ecobags, mas se frequentar reuniões tenha em mente que bolsas casuais gritam "chique, mas com pouco dinheiro" enquanto bolsas de couro são mais formais.

Joias

Quando se trata de usar joias no escritório, menos é mais. Pode haver diferenças regionais ou culturais, mas para manter o profissionalismo num ambiente corporativo, evite ao máximo joias exageradas e berrantes. O melhor investimento é em peças que serão usadas diariamente. Você é o tipo de pessoa que usa um par de brincos diferente a cada dia? Se não for, argolas pequenas, pérolas clássicas e pedrinhas de diamantes são opções atemporais. Tenha em mente que cristais cor-de-rosa ou amarelos sempre vão parecer falsos, e brincos maiores que cinco centímetros devem ser guardados para depois do expediente.

Colares são acessórios mais seguros que os brincos para mostrar ser uma pessoa cheia de energia e estilo, facilitando a escolha de peças marcantes para impressionar aqueles a sua volta. Colares longos (entre 75 e oitenta centímetros de comprimento) ficam bem na maioria dos tipos físicos, desenhando uma linha vertical que a deixa mais magra, enquanto gargantilhas tendem a engordar e chamar a atenção para o pescoço. Um colar longo de ouro ou prata com elos circulares ou ovais é versátil e fácil de usar, dando um toque contemporâneo ao visual, já um colar mais grosso de comprimento médio (entre 45 e 55 centímetros) combina bem com uma terceira peça, sendo também ótimo de usar para fotografias de rosto ou na televisão, onde você é enquadrada dos ombros para cima. Embora pérolas sejam tradicionais para mulheres, elas não são obrigatórias. Se quiser algo mais original, escolha um colar que misture pérolas com metais ou bijuterias divertidas: eles vão se destacar e deixá-la com uma aparência menos conservadora.

Os acessórios para os pulsos caem em duas categorias: pulseiras são divertidas e fáceis de trocar, enquanto relógios devem ser peças básicas e descomplicadas que combinem com tudo o que há no seu armário. A maioria de nós não tem orçamento infinito para acessórios, então invista num relógio (se você usa um) e economize nas pulseiras. Tenha cuidado com tudo que brilhe demais ou seja barulhento demais: se puder ser visto ou ouvido a mais de dois metros de distância, esqueça!

Anéis são perfeitamente adequados para o escritório, mas tente não usá-los em mais do que três dedos. O ideal é escolher apenas um dedo em cada mão para usar um anel de modo a evitar distrações. Anéis marcantes são divertidos, mas no trabalho evite os modelos duplos e usá-los nos dedos dos pés. Piercings no nariz ou em qualquer parte do corpo também não são muito bem-vistos. Se estiver misturando joias verdadeiras e bijuterias (por exemplo, aliança de noivado ou casamento com anel de coquetel), saiba que pode chamar muita atenção. Escolha bijuterias que realmente tenham cara de bijuteria para não serem comparadas com as joias verdadeiras.

Alguns dos meus sites favoritos para comprar bijuterias para usar no trabalho são BaubleBar.com, CWonder.com, MaxandChloe.com e StellaDot. com. Você pode encontrar marcas independentes como RJ Graziano, Lauren by Ralph Lauren, Kenneth Jay Lane, House of Harlow e Majorica em lojas de departamentos americanas. Se você está pronta para ir além das bijuterias ou investir em joias de alta qualidade para o escritório, David Yurman, Ippolita, Alexis Bitter e Roberto Coin oferecem peças básicas e elegantes para o mundo corporativo.

Alerta de estilo: *Sempre limpe ou substitua suas joias quando elas ficarem manchadas ou começarem a quebrar.*

Meias e meias-calças

Recebo uma quantidade surpreendente de perguntas sobre o uso da meia-calça no escritório. Acessório tradicional e até pouco tempo obrigatório para mulheres no ambiente corporativo norte-americano, a meia-calça "bronzeada" está oficialmente fora de moda. Para muitas, a opção de deixar pernas à mostra é bem-vinda, enquanto outras esperam que a nova musa do estilo Kate Middleton, duquesa de Cambridge, sempre impecável usando meia-calça que combina perfeitamente com seu tom de pele, possa revigorar esse estilo adormecido. Se você decidiu pela meia-calça, escolha a preta transparente ou nude ultratransparente do tom da sua pele, com fios finos (abaixo de dez) e acabamento fosco ou brilhante.

Minha cliente Patty, advogada de quarenta e poucos anos, não só usa meia-calça sempre que vai ao tribunal como tem certeza de que vai derrotar qualquer colega causídica que ouse exibir as pernas nuas. Sem dúvida há uma geração de mulheres que acredita no poder da meia-calça. Levando essa posição ao extremo, algumas têm usado meia-calça que deixa os dedos à mostra com sapato aberto para trabalhar no verão. Uma invenção quase antifashion, esse truque deixa a perna bronzeada e revela dedos brancos. É um visual muito datado, mas conheço mulheres que usam ou guardam num fundo de gaveta qualquer, para "quem sabe um dia", se precisarem dela. Pernas nuas, depiladas, hidratadas, sem marcas de picadas de mosquito e hematomas são *sim* aceitáveis e elegantes na maioria dos escritórios que adotam o estilo casual. Em ambientes formais e conservadores, porém, não apareça sem meia-calça até ver o que a diretoria está usando. Consulte o código de vestimento do seu escritório ou a sua agenda de clientes e obedeça. E se não souber o que fazer com a meia-calça, use calças.

Alerta de estilo: *A base corretiva para pernas Dermablend ajuda a esconder vasinhos, e o Body Glow da NARS vai fazer você se sentir como uma modelo!*

As meias opacas ou com estampas sutis vão ajudá-la a passar os meses mais frios com estilo. Meias pretas são amplamente aceitáveis em todos os códigos de vestimenta e em qualquer idade, então faça um estoque delas. Se você deseja mais controle, é só escolher. O Spanx deve fazer parte do guarda-roupa de todas as mulheres. Conheço mulheres que não saem de casa de calças sem um par de Spanx capri por baixo para "dar aquela levantada"! Evite meias-calças brilhosas demais ou meia arrastão com trama muito aberta, enquanto as de cores neutras como cinza, azul-marinho, marrom ou até vermelho queimado são opções ousadas que acrescentam um toque de estilo a um visual clássico.

Tenha cuidado com a sensualidade no escritório: é um dos grandes enigmas da moda que tira o sono dos grandes executivos. Num seminário sobre moda corporativa em Nova York, uma estagiária foi corajosa ao perguntar se suas meias 7/8 eram adequadas para o escritório. Com quase 1,80m de altura, ela achava meias-calças desconfortáveis, tinha dificuldade para encontrar calças no comprimento certo (embora eu rapidamente tenha passado uma lista de sites que oferecem modelos mais longos) e, ingenuamente, achava que ninguém notava suas meias na altura da coxa porque a parte de cima ficava escondida pelo vestido. Obviamente, a minha função era revelar a verdade: as meias 7/8 daquela garota não eram adequadas para o escritório, pois é praticamente impossível impedir todas as situações em que elas podem ser reveladas sem querer!

Esta é uma história comum. Muitas jovens não estão familiarizadas com o estilo de roupa adequado ao ambiente corporativo e se vestem para ir ao trabalho como se ainda estivessem na faculdade. Várias mulheres desatentas ficam na primeira fila das minhas apresentações: algumas se esqueceram ou não gostam de depilar as pernas, enquanto outras não se olharam no espelho para ver se as saias e vestidos estavam curtos demais. Sente-se numa cadeira e veja o quanto das suas coxas fica de fora! Quem usa meias 7/8 às vezes não percebe que quando você está sentada, curvada ou simplesmente dando uma meia-volta, clientes e colegas de trabalho veem as coxas nuas. Cubra-se ou a meia-calça pode acabar virando peça obrigatória no seu trabalho.

Extras variados

Cintos, estolas e até alguns tipos de joias tendem a causar certa ansiedade, por isso esses acessórios acabam sendo evitados. Na verdade, muitas mulheres trocariam um cinto por um broche e uma estola por uma echarpe por serem acessórios com regras mais fáceis de entender. Porém, esses artigos fashion podem melhorar significativamente o visual e é importante entender como usá-los de modo adequado.

Cintos

Queridas, fiquem de pé! Um cinto adequado para o trabalho e que realce o guarda-roupa corporativo nem sempre está preso nos passadores de calças de cintura alta: ele também pode ficar lá em cima, na sua cintura natural. Deixe-me mostrar como achar o local mágico: levante os braços. Agora leve uma das mãos para o lado oposto do corpo e coloque o polegar, depois a mão, espalmada, onde termina o sutiã. Aí é a sua cintura natural! Sei que parece estranho, mas este é o ponto a se destacar quando você amarrar o vestido envelope ou acrescentar um cinto elástico largo a qualquer peça de roupa. Independente de ter cintura larga, estreita ou normal, o ponto exato em que a caixa torácica se encurva pode estar na altura do seu dedo médio ou um pouco abaixo do mindinho. Na verdade, se você experimentar vestidos que já estão no seu armário, a maioria deles provavelmente definirá a sua cintura no mesmo ponto.

Adicionar um cinto ao visual pode unificá-lo e dar um toque de sofisticação. O cinto mais fácil e confortável para começar é largo e elástico, com fivela bem elegante (se a fivela for preta envernizada, combine-a com os sapatos e dê um toque de estilo instantâneo). Adicione o cinto a um vestido tubinho preto e acrescente um blazer aberto: o cinto destaca a sua cintura imediatamente, deixando-a mais magra. (Observe que o cinto provavelmente chega à cintura no mesmo lugar que o primeiro botão do blazer). Depois, tente usar cinto em um visual monocromático como calça preta e uma camada combinando. Adicione um cardigã aberto, longo e ondulado, por exemplo, e coloque o cinto no mesmo lugar. *Voilà*! A cintura fica destacada e não mais escondida. Acrescentar um colar longo a este visual vai alongar ainda mais a silhueta, exibindo um corpo mais esguio. Os estilistas vêm tentando acentuar cinturas usando o corte das roupas há vários anos, mas o retorno dos cintos finalmente fez com que ela voltasse a ganhar destaque.

Echarpes e pashminas

Já visitei armários lotados de caixas com echarpes de seda estampadas esquecidas. Muitas mulheres perguntam se esse acessório poderoso das décadas de 1980 e 1990 algum dia voltará à moda. Antes considerada peça básica na sala de reuniões, a echarpe de seda estampada parece antiquada hoje em dia. Embora algumas mulheres ainda consigam vestir maravilhosamente esse visual usando a echarpe dobrada por baixo de um colarinho levantado num blazer estruturado, é hora de rever essas caixas! Guarde todas as de marcas de grife ou as peças favoritas e jogue o resto fora. Echarpe de oncinha é um clássico, além de ser divertido amarrá-la na alça de uma bolsa. E se você tiver uma echarpe vintage, pode muito bem pensar em fazer um quadro e apreciá-la como obra de arte.

A versão atualizada, e cheia de estilo, da echarpe estampada tradicional é a pashmina ou o wrap. Os dois estilos podem ser usados como terceira peça para dar elegância e força a um traje casual. A pashmina teve um momento "it" na moda no fim dos anos 1990 e início dos 2000, tendo evoluído desde então e se transformado numa peça básica do vestuário. A forma mais fácil de usá-la é por cima de um vestido com cinto: ela fica ao mesmo tempo solta, confortável e glamourosa, enquanto o cinto dá estrutura, fundamentando o visual. Jogue a pashmina sobre os ombros de uma forma despreocupada com praticamente todos os visuais estruturados e justos. Faça uma coleção contendo várias cores ou estampas para dar um toque original da estação e deixe uma preta no escritório, pois nunca se sabe quando será preciso deixar o visual mais elegante!

Acessórios masculinos

Quem faz marketing pessoal de modo inteligente usa os acessórios para despertar interesse. Quando você está numa sala cheia de engravatados, os acessórios escolhidos ajudam a destacar o seu uniforme profissional. Adicionar uma gravata poderosa, abotoaduras que chamam a atenção e sapatos estilosos terão um impacto real na sua aparência. Um relógio de grife é uma compra ambiciosa, enquanto um prendedor de gravata ou até um lenço de bolso dá um toque sofisticado que exige investimento menor. Não importa qual seja a sua escolha, é hora de aprender a refinar o visual e se diferenciar da concorrência.

Gravatas, colarinhos, lapelas e afins

Causar impacto com uma gravata fantástica não precisa fazer um estrago na sua conta bancária. A menos que você aprecie grifes, há boas gravatas para todos os bolsos. Pode ser divertido comprar gravatas extravagantes e diferentes, mas verifique se as opções ousadas combinam com suas camisas, caso contrário é bem provável que essas peças acabem no fundo da gaveta. Gravatas extravagantes (listras grossas, cores vibrantes) exigem uma camisa "silenciosa" (embora possa ter uma estampa discreta), enquanto uma gravata mais suave (de bolinhas ou com uma estampa discreta) exige uma camisa mais poderosa. Conforme explicamos no Capítulo 3, ao combinar a gravata com a camisa, escala e equilíbrio são fundamentais.

Pense em mudar o estilo de nó ou a largura da gravata para obter um visual moderno e original. O nó simples cria um visual descomplicado e tradicional, preferido por muitos. Este nó costuma ser um pouco assimétrico, combina com colarinhos pontiagudos e cai bem em homens altos e magros. Já o nó semiwindsor é mais elaborado que o simples. Por ser mais largo e simétrico, combina bem com colarinhos italianos. Além disso, está rapidamente virando o novo padrão e fica bem na maioria dos homens. O nó windsor, por sua vez, é um dos mais exuberantes, bem como o mais difícil de fazer: não só ele pode ser bem grande como também exige grande parte do comprimento da gravata. Se você tem pescoço mais grosso, uma gravata mais comprida é fundamental. Quem depende de votos precisa ter em mente que o windsor fornece um visual sofisticado, sendo mais adequado numa sala cheia de figurões do que numa repartição pública. A largura da gravata evoluiu ao longo das décadas de fina para larga, sendo possível encontrar uma grande variedade hoje em dia. Para ficar na moda, mantenha a gravata proporcional à lapela do paletó. O estilo mais fino fica bem em homens magros, enquanto a de largura média serve para a maioria dos homens. E qualquer estilo de gravata deve terminar na altura da fivela do cinto ou um pouco abaixo.

O lugar reservado para guardar as gravatas pode acabar virando uma bagunça em que peças ousadas se misturam a outras fora de moda. Organização é importante! A melhor forma de guardar gravatas é perto das camisas. Alguns gostam de pendurá-las num cabide de madeira ou em volta das camisas para ficar mais prático, enquanto outros as guardam enroladas numa gaveta ou num cesto só para elas. Para conservar a forma, resista à tentação de puxá-las: retire-as do mesmo jeito metódico com que colocou-as. Quando as gravatas tiverem marcas de puxões, fios soltos ou manchas que não saem, é hora de se livrar delas. Com tantas opções maravilhosas por aí, esse desgaste natural representa a oportunidade para reabastecer o guarda-roupa com novas e empolgantes descobertas.

Se você prefere gravatas-borboleta em vez das longas, elas provavelmente serão a sua marca registrada. Esse tipo de gravata é sinônimo de estilo e muitos homens ousados são lembrados por essa característica do visual. Enquanto muitos hoje em dia reservam esse modelo apenas para smokings, elas continuam bastante populares entre educadores, acadêmicos, jornalistas, políticos e fashionistas. Gravatas-borboleta são para quem tem compromisso com o estilo, pois destacam o tamanho do pescoço, deixando uma grande área descoberta no tórax e na barriga. Com isso podem dar atenção indesejada a essas áreas por vezes problemáticas.

Muitos homens me perguntam se podem usar gravatas em ambientes informais. Sim! Adoro uma gravata um pouco solta e torta com camisa social e suéter com zíper na gola. É ótimo para fazer o estilo casual chique que funciona na transição do escritório para os drinques depois do expediente. Também é possível explorar cores e combinações de estampas, além de tipos de nós, largura e diferentes materiais.

Lenço de bolso

O lenço de bolso evoluiu do lenço comum. É um detalhe que dá um toque de distinção e não foi feito para ser oferecido a alguma donzela em apuros (ande com um lenço branco no bolso de trás para essas e outras necessidades em termos de higiene). Se desejar, coloque um lenço no bolso externo do paletó. Não combine exatamente com a gravata: escolha cores da combinação entre gravata e camisa. O homem que gosta de ditar moda pode usar uma estampa totalmente diferente enquanto o mais conservador pode optar pelo linho branco fino, uma escolha segura e clássica.

Um atalho para chegar a este estilo alinhado é ter um lenço de bolso encaixado diretamente num pedaço de papelão e colocado no bolso. Mandei customizar peças assim para vários clientes. São ótimos se você tem dificuldade para fazer uma dobra reta ou criar o volume perfeito no bolso. Também é possível inventar estilos de duas ou três pontas. Visite a loja mais próxima para escolher um tecido exclusivo ou apenas coloque um encaixe de papelão nos lenços de bolso da sua coleção. Peça a um alfaiate para fazê-los e você nunca precisará ajustá-los!

Sapatos

A sua preocupação com os sapatos deve se concentrar primeiro na manutenção e depois no estilo. Mantenha-os com aparência de novos, sem sinais de desgaste ou buracos. Parece fácil, mas muitos andam por aí com sapatos sujos e desgastados. No que diz respeito ao estilo, modelos slim são mais versáteis que os pesados. Procure um sapato elegante de linhas clean e bico oval.

Embora os sapatos possam ser acessórios interessantes, eles devem combinar com o visual como um todo em vez de se destacar ou (pior ainda!) chamar a atenção no sentido negativo. Um estilo com cadarço e sem biqueira é uma escolha estilosa e sofisticada que combina com tudo o que está no seu guarda-roupa: vai facilmente do formal corporativo ao casual chique. Se você prefere detalhes e aplicações visíveis no sapato, escolha um com a parte de cima perfurada em vez da tradicional biqueira de couro para alongar a forma do pé. O estilo com biqueira é muito popular, mas direciona o olho para a relação entre o dedão e a parte de cima, encurtando o pé e enfatizando a barriga. Se quiser um pouco mais de estampa no sapato, os brogues são uma opção atemporal. A diferença de estilo entre a curva longa e elegante dos detalhes do brogue e a linha seca do sapato com biqueira de couro é bem visível.

Alguns homens preferem sapatos sem cadarço ou loafers aos com cadarço. Com tantos estilos para escolher, é perfeitamente adequado usar um par de loafers sofisticados tanto num almoço importante quanto na sala de reuniões. Para um visual moderno, escolha loafers de pala mais alta (a parte de cima do sapato fica mais perto do tornozelo do que do dedão). Os estilos com frente reta, tira de couro, penny slot (vão na parte de cima do sapato originalmente criado para guardar uma moeda) ou só um toque de metal são todos adequados para o trabalho. Qualquer sapato com fivelas demais, como o modelo monk simples ou duplo, pode parecer joias para os pés, por isso use-os com cautela. Procure modelos de bico oval e evite os pesadões com formato quadrado. Solas de couro são sempre chiques, embora as de borracha sejam mais apropriadas a climas pouco amenos e a vários códigos de vestimenta.

Como já discutimos, combine os sapatos com as calças da melhor forma que puder (escolha uma cor ou estampa básica) ou faça o estilo ousado com uma cor ou estampa divertida. Não use meias grossas, pesadas ou desbotadas para trabalhar. Além disso, pode ser que você veja botas sofisticadas nos pés de um algum lançador de tendências no escritório, ou num ambiente mais casual durante os meses mais frios. Isso é aceitável, mas as botas devem ter uma aparência adequada para o local de trabalho.

Extras diversos

A sua imagem não se restringe às roupas e aos sapatos. Se você carrega um computador ou documentos para o trabalho, faça questão de usar uma valise elegante e compacta. Acessórios tecnológicos, porta-cartões de visita e carteiras não devem ser deixados de lado, pois fazem parte da sua persona profissional. Dê-se ao luxo de usar couro ou materiais tecnológicos adequados para o ambiente de trabalho sempre que possível. As mesmas regras que se aplicam às outras partes do vestuário também valem aqui: mantenha tudo em boas condições, limpo e substitua quando começarem a se desgastar.

O relógio é uma bela peça para exibir o bom gosto ou uma promoção recente. Ao investir nesse acessório, decida se prefere um modelo esportivo ou sofisticado. De qualquer modo, para manter o relógio de acordo com o escritório, fique longe de qualquer objeto pesado ou com muito brilho. Se você não tiver muito dinheiro, escolha um estilo simples e moderno que não chame muita atenção. Se usar pulseira de couro ou tecido, troque-a quando ficar suada e com mau cheiro.

As abotoaduras são uma forma divertida de mostrar personalidade no escritório. Escolha um par baseado na sua agenda: crie uma relação com clientes fãs de esportes ou mostre o super-herói que existe em você. É possível ser ousado, divertido, esquisito ou lançar moda apenas com a escolha das abotoaduras. Prendedores de gravata são outra forma de sofisticar o visual e chamar atenção. Ferramenta clássica para homens, eles acabaram de voltar às salas de reunião (sem dúvida com a ajuda de séries de TV antenadas em moda como *Mad Men*). O prendedor combina bem com uma gravata fina ou de largura média e deve ser colocado entre o terceiro e o quarto botões da blusa (sim, ele fica preso na casa). Por fim, invista em suportes de colarinho feitos de latão. Os de plástico não são resistentes para manter o colarinho impecável o tempo todo. Divirta-se com estes supérfluos acessíveis!

Ao escolher um cinto, veja se ele combina com os sapatos. Opte pelo estilo minimalista em vez de algo mais elaborado. Fivelas volumosas de metal podem chamar muita atenção para a barriga e não são adequadas para o ambiente de trabalho. Os estilos de correia lisa funcionam muito bem, enquanto os texturizados dão um charme a mais. Sempre compre o cinto com tamanho um pouco maior, de modo que a fivela fique na altura do buraco do meio. Se a cintura mudar de tamanho e você tiver que usar outro buraco ou se o cinto começar a ficar gasto, é hora de ir às compras.

Alerta de estilo: *todos esses acessórios precisam de manutenção adequada!*

Óculos para homens e mulheres

Se você usa óculos, é importante achar o estilo que combina com o formato do seu rosto. Experimente vários pares para determinar o equilíbrio e a proporção corretos. Um bom truque é experimentar um par que seja o contrário do formato do seu rosto. Isso serve tanto para homens quanto para mulheres. Olhe no espelho para ver onde o rosto é mais largo e mais estreito. Escolha armações largas o bastante para equilibrar as partes estreitas, mas não tão imensas que deixem o rosto mais largo.

Por exemplo, se você tem rosto arredondado, procure óculos com armação quadrada ou retangular. Se o rosto for quadrado, opte pelo estilo oval ou de cantos arredondados e suaves. Já o rosto em formato de coração fica bem com o estilo gatinho, para contrabalançar o queixo mais estreito. Um rosto oval, por sua vez, é mais fácil, pois vai bem com a maioria dos estilos. Há muitos formatos de rosto, incluindo híbridos entre os já mencionados: o importante é identificar se o rosto é anguloso ou mais arredondado.

Acessórios femininos e masculinos

A próxima etapa é decidir se você deseja que os óculos passem uma mensagem ousada ou sejam neutros. Se o que procura são armações que se destacam, escolha modelos de acetato no formato adequado. Essa ousadia vai ajudar a fixar o visual, acrescentando definição a cabelos grisalhos ou até uma careca. Modelos de aro de tartaruga, pretos e de madeira texturizada são atemporais e ficam bons tanto em homens quanto em mulheres. Embora o acetato colorido tenha maior probabilidade de ser visto em mulheres, funciona para ambos os sexos. Armações vermelhas, azuis ou roxas podem atrair os que têm charme.

Se você prefere o visual neutro nos óculos escolha modelos sem aro, que ficam ótimos na TV (a menos que seja uma celebridade tentando usar os óculos como acessório), pois não chamam atenção desnecessária para o rosto ou para os cabelos. Se você tiver pés de galinha, a opção sem aro também ajuda a disfarçar esses sinais. Porém, é importante observar que armações de metal não são amigas dos pés de galinha.

Independente do estilo escolhido, não deixe de pedir lentes com alto índice de refração para evitar a aparência de fundo de garrafa e reduzir o peso dos óculos. Além disso, acrescente a proteção antirreflexo se você trabalha em espaços iluminados e costuma ser fotografado com alguma frequência. Se estiver procurando a versatilidade no estilo "tudo em um", faça com que os óculos de grau também sejam óculos de sol. As lentes do tipo transition são uma escolha inteligente para quem costuma perdê-los, mas elas não ficam tão escuras quanto as dos óculos de sol convencionais. Se você usa bifocais, veja se a sua receita pode ser feita como multifocais. Assim, as suas lentes não terão aquela linha visível no meio. Por fim, verifique se os óculos são confortáveis e ficam perfeitamente situados na ponta do nariz para que você não precise ficar ajeitando-os o tempo todo, e para evitar marcas no nariz que possam incomodar ou atrapalhar o seu visual.

Se você usa óculos de leitura, o melhor lugar para comprá-los nos Estados Unidos é em supermercados, farmácias ou aeroportos. As pessoas costumam ter vários pares espalhados pela casa ou escritório e é fácil achar opções estilosas a preço bem acessível. Conheço várias mulheres que compram pacotes com vários pares de óculos de leitura na farmácia e combinam as armações com as roupas. Se você planeja ler fora do escritório, invista em óculos escuros de leitura para evitar a sobreposição de óculos (usar o modelo de leitura sobre os de sol), que pode envelhecer até a mais jovem das criaturas.

Óculos de sol ficam bem em todo mundo, em qualquer dia da semana. Você pode usar modelos mais sofisticados ou tratá-los como parte de um figurino. Compre um par com a sua receita e use-o para driblar os paparazzi ou evitar um colega de trabalho na hora do almoço. Economize ou esbanje, mas sempre compre um adequado ao formato do seu rosto e escolha um par com proteção UV. Se você costuma perdê-los, compre vários para manter os olhos sempre protegidos.

O último fator a se levar em conta ao comprar óculos de leitura ou de sol é onde colocá-los quando estiver na rua. Pode ser conveniente ficar com as mãos livres e apoiá-los na parte superior da cabeça ou pendurá-los no colarinho da camisa, mas minha opção predileta é prendê-los num fabuloso La Loop, que é uma joia que tem uma função. Escolha um colar dessa marca que combine com o seu visual chique ou use um de borracha estilo esportivo para um ambiente mais casual, provavelmente de TI. Não deixe suas escolhas de óculos atrapalharem a sua vida ou fazerem com que você pareça mais velho: este toque moderno lhe dará uma aparência de VIP.

Considerações finais

Divertidos de comprar e às vezes difíceis de usar, os acessórios ajudam a dar o toque final no visual. Tente acrescentar pelo menos um acessório estiloso ao visual todos os dias durante uma semana. Quando for ver, nem vai mais notá-los. Rapazes, tentem combinar uma gravata listrada com camisa estampada ou acrescentar um lenço de bolso ao terno. Senhoras e senhoritas, tirem os sapatos estilosos do fundo do armário e coloquem um colar para dar um toque imediato de glamour. Esses toques certamente vão fazer com que vocês sejam notados, no caminho da sala da xerox para a diretoria.

5

ARRUMAÇÃO E PREPARAÇÃO

Agora que você aprendeu o que usar e as formas de fazê-lo, deve ficar mais fácil sair de casa todo dia de manhã. Para melhorar este kit de ferramentas, agora vamos nos concentrar na higiene pessoal como um todo, incluindo cuidados com a pele e manutenção de maquiagem. Esta é a cereja do bolo! Afinal, você trabalhou muito até conseguir o caimento perfeito para o seu corpo, vestindo-se de modo adequado (e estiloso) para o trabalho a fim de criar uma imagem profissional. Não deixe o descuido com os hábitos de beleza ou higiene arruinarem esse esforço.

Muitos executivos sêniores me contaram histórias de terror vistas na passarela do escritório: maquiagem malfeita, cabelos rebeldes, pessoas com uma pele de adolescente e uma série de outros problemas bem públicos, todos resultantes da negligência particular. Não deixe de dar atenção à mensagem que você passa com esmalte descascado, pele ressecada, sombra azul berrante para os olhos, cabelo com frizz ou, se você for homem, barba por fazer. Vou dizer isso todos os dias para que os rapazes possam ficar mais tranquilos: mesmo sem precisar de maquiagem (a menos que esteja na televisão), você *tem de* ler a parte masculina deste capítulo.

Unissex

Homens e mulheres têm produtos e rotinas diferentes de higiene e beleza, mas quando se trata de cuidados com a pele e body art (tatuagens, piercings etc.), as diretrizes são iguais para todos.

Cuidados com a pele

Não sou médica, cosmetologista ou especialista em cuidados com a pele, mas tive a sorte de trabalhar com vários especialistas que me passaram algumas dicas. A lição mais útil que aprendi foi: para decorar o corpo é preciso cuidar dele. Bons hábitos de higiene e beleza levam a uma pele saudável e feliz, algo que precisamos transformar em prioridade. Não importa se você vai ao dermatologista, à seção de maquiagem da loja ou à farmácia da esquina, a primeira etapa deve ser neutralizar a sua pele. Para os homens, a principal

Arrumação e preparação

tarefa consiste em hidratar (e, ok, está desculpado pelo olhar de desdém que você acabou de fazer). Do mesmo modo que é preciso hidratar o organismo com os oito copos de água diários para ficar saudável, a pele precisa do cuidado, amor e carinho fornecidos por uma boa hidratação. Quanto mais macia a pele, melhor (independente de usar maquiagem ou não).

Já viu uma mulher e teve a sensação de que ela exagerou nos cosméticos? A maioria dos infratores da beleza coloca a culpa no excesso de maquiagem, mas isso costuma acontecer porque a pele não foi totalmente esfoliada ou preparada para recebê-la. Espinhas, oleosidade, rachaduras e poros entupidos podem ser resolvidos com uma boa rotina de cuidados com a pele. Assim como as roupas, há opções para todos os bolsos, mas aqui vai um conselho: preço alto nem sempre significa eficácia. Hollywood patrocina novas descobertas caríssimas todos os dias, mas marcas de farmácia como Cetaphil e Oil of Olay vêm sendo citadas por supermodelos (e figurões da moda) há anos como altamente eficazes. Experimente, encontre o produto certo para você e use-o todos os dias. Meu personal trainer costuma dizer que o melhor equipamento de ginástica é o que você gosta de usar. Não é uma questão do tipo específico de máquina (ou marca de produto para a pele), e sim o compromisso de fazer algo bom para você.

Há tantas pesquisas por aí sobre as maravilhas de proteger a pele do sol que fica difícil andar pela seção de hidratantes faciais e encontrar um sem FPS de pelo menos 15. Se você prefere um hidratante simples, pense em comprar o filtro solar separadamente para usar por baixo ou por cima da maquiagem. Mesmo se pés de galinha ou rugas de expressão não preocuparem você (e o botox não fizer parte de sua rotina), é preciso aplicar hidrante com protetor solar todos os dias. Pense também em investir num creme para a região abaixo dos olhos a fim de hidratar e prevenir a formação de bolsas e olheiras. Temos poucas glândulas sebáceas ao redor dos olhos e a pele é mais fina ali. Isso também ajuda na hora de aplicar a maquiagem: quanto mais hidratada e bem-cuidada a pele estiver, mais impecável ficará o visual.

Body art

Elas já foram vistas como gafe total no ambiente de trabalho, mas a verdade é que o perfil dos jovens profissionais está mudando. Literalmente. Cada vez mais pessoas estão se enfeitando com tatuagens e piercings. Até bem pouco tempo, usar dois ou três brincos na orelha era considerado um desvio da norma no trabalho e os "extras" precisavam ser retirados antes de fazer entrevistas de emprego ou estágio. Agora, as pessoas podem criar um vínculo na entrevista trocando histórias de tatuagem, mas algo não mudou: embora você possa fazer o que desejar com o próprio corpo, não pode causar distrações no ambiente de trabalho. É claro que existem vários setores que adotam códigos de vestimenta menos rígidos (o mundo acadêmico e as áreas de TI, moda e a indústria criativa), mas, se você tem menos de quarenta anos e ainda algumas décadas para continuar trabalhando e mostrando o seu potencial, retire os piercings óbvios e tradicionalmente inadequados para o trabalho e cubra as tatuagens o máximo que puder. Você pode ter clientes, investidores ou apenas chefes mais velhos que são fundamentais para o seu sucesso profissional, por isso não deixe que tatuagens nos nós dos dedos atrapalhem a sua carreira de "engravatado".

Higiene e beleza para mulheres

O mundo dos procedimentos de beleza, dicas básicas de maquiagem e cuidados com os cabelos pode ser assustador. Se você foi agraciada com uma pele maravilhosa (e conheço muitas mulheres estilosas com mais de setenta anos que nunca usaram uma gota de maquiagem ou um secador de cabelo — oi, mãe!), continue assim. Mas se você tem manchas ou marcas de varizes, cabelo com frizz, unhas difíceis de gerenciar ou às vezes é confundida com alguém mais jovem ou mais velha, estas dicas podem ajudar.

Maquiagem

A maquiagem não é apenas uma questão de beleza: é uma ferramenta ao alcance de qualquer mulher para melhorar a aparência e aumentar a probabilidade de conseguir um emprego, subir na carreira ou influenciar as decisões na empresa. Na verdade, ao conversar com executivos de recursos humanos, ouvi que a quantidade de maquiagem pode influenciar a percepção de se a pessoa é confiável, carismática, competente e apta para o emprego, tanto à primeira vista como ao longo do tempo. Embora isso pareça preocupante, a verdade é que a aparência da mulher é importante no mundo corporativo. Vale muito a pena cobrir manchas na pele, além de rosácea, cicatrizes e olheiras, assim como deixar o rosto com uma aparência saudável para não passar a impressão de ser uma profissional multitarefa cansada demais. Já imaginamos que você é basicamente uma super-heroína, então nem precisa deixar suas proezas transparecerem de modo tão óbvio na aparência.

Maquiagem representa algo diferente para cada mulher. Para algumas, significa passar apenas base e rímel, o que (deixe-me ser bem clara), é como sair de casa usando apenas calcinha modeladora e óculos de sol. Cadê o resto? Já outras adotam um regime de maquiagem que tem apenas um toque de protetor labial cor cereja nos lábios. No outro extremo, as mais radicais não vão nem à padaria sem estarem "montadas".

Algumas mulheres se maquiam em pé na frente do espelho (e tão perto dele que poderiam fazer as sobrancelhas com pinça), outras se maquiam sentadas diante da penteadeira bem-iluminada. Não existe o método certo ou errado, mas é preciso saber os motivos pelos quais está se maquiando. Por exemplo, é para disfarçar problemas de pele? Se for o caso, não use produtos demais a ponto de chamar a atenção para as áreas erradas. Você usa maquiagem por acreditar que é algo esperado de uma mulher adulta no ambiente de trabalho? Se for o caso, talvez esteja perdendo uma quantidade insustentável de tempo numa atividade que não está lhe trazendo vantagem alguma. Talvez você esteja na categoria de várias mulheres que conheço: "Só uso maquiagem para eventos importantes." Se você faz parte desse grupo, tenha cuidado, porque as pessoas vão notar quando está maquiada. Basicamente, você está destacando os dias que considera importantes e os que não têm o mesmo status. O ideal é criar uma rotina de maquiagem e cuidados com a pele que funcione para a sua agenda e o seu estilo de vida. Para a maioria das mulheres com quem trabalho, 15 minutos bastam. Queridas, é basicamente o tempo que os homens gastam fazendo a barba, então não alegue falta de tempo para se maquiar.

Se a maquiagem é o seu hobby ou você é blogueira de beleza nas horas vagas, aproveite para acrescentar os "extras" à sua rotina. Para todas as outras, sintam-se à vontade para minimizar o uso diário de produtos confusos como o pó (compacto e solto), sombra, primer, lápis labial e iluminadores. O sistema de maquiagem abaixo funciona bem para o rosto, os olhos e os lábios quando você tem apenas 15 preciosos minutos.

Rosto

Passo 1: Hidrate.

A BÍBLIA DO ESTILO

Passo 2: Dependendo do nível de cobertura desejada, aplique um hidratante base ou um BB cream de acordo com o seu tom de pele ou então opte pela base.

Passo 3: Use corretivo nas olheiras, manchas e/ou espinhas.

Passo 4: Use um pó bronzeador para dar uma cor ao rosto que agora está neutro. Gosto de passar um pouco nas maçãs do rosto e depois desenhar um "3" (partindo da testa e depois seguindo para o nariz e as bochechas) nos dois lados do rosto para cobrir tudo. Se desejar, adicione um leve toque de blush nas maçãs do rosto. Fique à vontade para escolher pó bronzeador ou blush, dependendo da cor da pele e de sua preferência de cobertura.

Passo 5: Fique a um metro de distância espelho. Consegue dizer quais produtos usou? Se ainda houver marcas vermelhas que você pensou ter disfarçado ou ainda estiver tão pálida quanto antes de passar o pó bronzeador, volte ao passo em questão e refaça o processo.

Olhos

Muita gente perde tempo demais com sombras. *A maioria das pessoas no escritório não repara no trabalho elaborado de aplicação da sua sombra.* É melhor passar o delineador na pálpebra superior (em forma de lápis, caneta ou pincel) para fazer os olhos parecerem maiores e aplicar rímel nos cílios posteriores, dando volume e comprimento. Tenha em mente que uma camada de rímel não basta. Repito: uma camada não basta. Passe o aplicador de um lado para o outro e de cima para baixo, como uma escova de dentes. Não mergulhe o aplicador mais de uma vez (pois joga ar dentro do vidro), mas aplique pelo menos duas camadas para ter um efeito visível. Se os cílios grudaram, espere um minuto para secar, depois limpe e separe-os com um aplicador de rímel descartável ou cotonete.

Os maquiadores profissionais passam rímel de modo diferente, mas a maioria de nós é no máximo amadora. Se você deseja evitar o trabalho pesado da aplicação diária de rímel, mas ainda quer chamar atenção para os olhos, use um modelador para cílios (curvex) ou invista em cílios postiços. Tenho amigas e clientes que adoram. Escolha os de melhor qualidade que couberem no orçamento e você não vai conseguir parar de se olhar no espelho! No geral, gaste mais tempo no rosto do que nos olhos.

Lábios

Se você se deu ao trabalho de fazer todo o resto, não deixe de aplicar algo nos lábios. As cores dão um brilho e arrematam o visual. Se você tem medo de cores, use gloss. Só peço encarecidamente para não fazer todo o resto e deixar os lábios sem nada. É como colocar um vestido lindo e se esquecer dos saltos (ou pelo menos sapatos baixos estilosos).

Depois de aprender a neutralizar a pele para que ela fique sem brilho e sem manchas, esta rotina de 15 minutos vai ajudá-la a se sentir e parecer bem quando for trabalhar. Como o tempo não para, você precisa se conservar: troque as roupas quando ficarem gastas — ou caso ganhe ou perca peso — e atualize o regime de cuidados com a pele e maquiagem à medida que a pele evolui. Se você tem ou desenvolveu um problema de pele como rosácea, prepare-se para gastar mais tempo investindo nos produtos adequados e aprendendo a usá-los. Assim como você faz quando escolhe o visual certo para o seu corpo, assuma o controle e domine esse assunto. Vire uma especialista em camuflar suas áreas problemáticas e exibir seus pontos fortes.

Conheci Sally quando ela me abordou querendo comprar um vestido para um evento especial. Eu ministrava um seminário sobre estilo na loja Lord & Taylor, em Nova York, e nos divertimos muito deixando-a mais atraente. Escolhi um vestido sexy que imediatamente a levou a se sentir mais confiante e bonita. Sally não era do tipo que normalmente gostava de fazer compras. Ela procurou a loja em busca de ajuda para comprar peças de acordo com suas necessidades específicas de estilo. Isso deixou tudo mais divertido, pois eu a vi fazer o que chamo de "dancinha da felicidade": o momento em que você experimenta algo, dá uma olhada no espelho e se sente tão bem que começa a dançar! É uma das minhas reações favoritas de clientes e é um privilégio ver quando isso acontece no provador. Sally saiu convertida depois de provar apenas alguns vestidos. Provavelmente ela não sabia que poderia se sentir tão linda em tão pouco tempo e foi maravilhoso testemunhar isso.

Quando saímos do provador para comprar os acessórios, perguntei à Sally se queria se maquiar para a festa, pois é uma forma divertida de acrescentar glamour a uma noite especial. Dava para ver que ela não era muito fã de maquiagem, como costuma acontecer quando não se conhece bem o assunto, então me ofereci para ajudar. Falamos sobre a rotina atual dela e comparamos esses resultados ao visual desejado para aquela noite. Decidimos que ela precisava de um batom novo. Contudo, também notei uma vermelhidão persistente no rosto dela, e agora que eu sabia da sua rotina de maquiagem, entendi que não fazia nada para disfarçar. Muitos ignoram a rosácea, ou vermelhidão permanente, mas ela pode ser relativamente fácil de disfarçar. Visitas ao dermatologista podem ser muito úteis nos casos mais graves e para aprender a mantê-la sob controle, mas conhecer alguns truques básicos de maquiagem pode deixar uma mulher confiante em pouco tempo.

A melhor forma de reduzir a vermelhidão como um todo é lavando o rosto regularmente e usando produtos sem óleo e perfume, além de produtos antialérgicos que não irritem a pele. O primeiro passo é aplicar um hidratante, e como a rosácea geralmente aumenta com a exposição ao sol, proteja-se também usando filtro solar. A segunda etapa é usar uma base amarelada ou esverdeada para camuflar a vermelhidão. Também é possível combater pontos vermelhos individualmente usando um corretivo específico para a vermelhidão. Tive muito sucesso com as clientes usando a linha Redness Solution da Clinique, um segredo bem-guardado que pode ser comprado na Sephora e em algumas lojas especializadas. Você também pode acrescentar produtos para a pele como séruns ou cremes para reduzir a rosácea. Muitos dermatologistas também recomendam produtos de outras marcas conceituadas como Dermablend, Kiehl's e La Roche-Posay. Se você sofre de vermelhidão na pele, tome providências. Todos os produtos citados podem ser usados com maquiagem comum. Também é possível usar maquiagem mineral em caso de pele extremamente sensível.

Quando entrei com Sally na seção de maquiagem para escolher um batom, fizemos uma parada rápida no balcão da Clinique em busca de soluções para a vermelhidão. Como ela falou que às vezes usava base, eu me ofereci para mostrar algo que poderia funcionar melhor. Ela não fazia ideia de que podia disfarçar a vermelhidão e achava que seria obrigada a conviver com aquilo. A dança da felicidade feita por ela na seção de cosméticos foi ainda mais empolgada do que a do provador!

Cabelos

Na vida adulta, você e seus cabelos já devem ter chegado a um acordo. Algumas mulheres sempre souberam o que fazer desde a adolescência, enquanto outras sempre lutaram com eles. Há quem terceirize o trabalho com escovas semanais e as que simplesmente os deixam na altura do ombro, no corte conhecido nos Estados Unidos como "mom bob" [corte da mamãe].

Seja qual for o caso, não deixe óbvio para o mundo que você não sabe lidar com os próprios cabelos. Isso pode ser interpretado como falta de autoconhecimento. Independente de preferir um visual mais estruturado ou natural, você sempre pode melhorar a aparência dos cabelos: há vários produtos e técnicas para ajudar a tratar deles.

Mulheres de cabelos cacheados geralmente me procuram querendo sugestões de penteados adequados para o escritório. Linda, advogada sênior num escritório de advocacia, falou do comentário que um colega de trabalho fez sem pensar, de que apenas mulheres de cabelos lisos são levadas a sério, e ela deveria pensar em fazer um alisamento. O sujeito obviamente precisa de umas lições de etiqueta. Linda disse que lutou com os cachos a vida inteira, mas ao fazer 50 anos sentiu-se livre para usá-los.

Mulheres de cabelos cacheados geralmente precisam cortar os cabelos com mais frequência e, definitivamente, visitar um cabeleireiro especializado em cachos pode ajudar. Usar produtos especiais como parte da rotina também é bom, mas não tire a vida do cabelo domando os cachos. O objetivo não é mudar o que você tem, e sim aprender a lidar com isso. Os cachos são totalmente aceitáveis na sala de reuniões, mas o mesmo não vale para cabelos com frizz e bagunçados. Juntas, Linda e eu examinamos suas técnicas de penteado e manutenção a fim de melhorar a imagem profissional.

O melhor corte de cabelo para o trabalho

"Qual é o melhor corte de cabelo para o trabalho?" é uma pergunta muito popular, junto com "Devo usar meus cabelos longos ou curtos no escritório?" As mulheres querem saber que estilo combina melhor com o formato do rosto delas e também se um ambiente conservador exige um determinado comprimento ou estilo de cabelo. A resposta tem menos a ver com o comprimento e mais com o estilo. Você tem cabelos lisos e sem graça? Cabelos "quase" lisos? Cabelos com frizz porque não tem tempo para cuidar deles? Cachos indomáveis que prefere ignorar? Se você usar peruca, megahair ou alongamento com tela vai parecer real ou falso? O melhor estilo para se usar no trabalho é elegante, minimamente atual e estiloso.

Cabelos compridos são aceitáveis, mas vamos logo definir o que não pode: se você precisa levantar o cabelo quando vai ao toalete provavelmente está comprido demais. Como a maioria dos cabelos com esse comprimento não são próprios, as pessoas podem achar que os seus são falsos. Se forem seus mesmo, então a probabilidade de os cabelos estarem sem vida é grande. O ideal é que cabelos compridos e saudáveis vão até a área do busto. Se começarem a chegar perto do umbigo, está na hora de marcar um corte. Não é justo, mas penteados como dreadlocks ainda podem ser vistos com desconfiança em alguns ambientes, embora sejam cada vez mais aceitos no mundo profissional. A percepção corporativa nesse quesito ainda vai levar um tempo para aceitar penteados mais étnicos ou até religiosos. Se você prefere um corte mais casual ou "fora dos padrões", veja se as roupas e o estilo como um todo estão transmitindo uma imagem profissional.

Se você usa peruca, seja por diversão ou por motivo de doença (ver a página 149 para mais dicas), invista numa de boa qualidade. As perucas também representam opções de estilo sem ter o compromisso com uma determinada cor ou um determinado corte. Muitas pessoas usam e celebridades como Beyoncé e Kim Zolciak, do reality show *Real Housewives of Atlanta*, não saem de casa sem elas. Como tudo o que você usar, assuma a peruca com orgulho. Quando se trata de beleza e hábitos de estilo, saiba onde economizar e onde esbanjar.

A genética e a textura dos cabelos têm tudo a ver com as escolhas de penteado. Se você está indecisa quanto ao alongamento com tela, pense nisto: o melhor estilo para qualquer tipo de cabelo é natural, sofisticado e elegante. Invista para manter esta imagem. Se seus cabelos forem realmente rebeldes, procure ajuda. Escovas semanais podem não ser acessíveis para o seu estilo de vida ou rotina, mas podem ser feitas até por um valor não muito alto. Sei de CEOs ricas que visitam cabeleireiros famosos para pintar as madeixas, mas preferem a rede de salões populares Hair Cuttery para as escovas. Você também pode pensar em fazer umas aulas no salão mais próximo ou aprender a usar uma das minhas ferramentas prediletas para novatas em termos de cabelo: o secador de cabelo com escova acoplada.

Uma amiga sofisticada me ensinou essa técnica caseira na faculdade quando não acreditou que eu não secava os cabelos com secador. Na época, eu tinha aversão a qualquer aparelho que usasse calor. Ela me deu uma lição e fiquei viciada. No dia seguinte, fui para a farmácia mais próxima e comprei meu primeiro secador Conair com escova. Desde então, apresentei esse método de secagem para várias clientes, mas ele funciona melhor em mulheres de cabelos razoavelmente lisos ou ondulados.

Passo 1: Seque os cabelos passando os dedos pelas mechas até eles ficarem quase totalmente secos (ou até a sua paciência acabar). Passo 2: Acople a escova ao secador e escove os cabelos. Isso ajuda a alisá-los enquanto secam (dependendo do quanto seus cabelos forem macios ou enrolados, pode ser melhor usar uma escova comum antes para tirar os nós). Passo 3: Acople um pente ao secador para obter um estilo mais horizontal e liso. *Voilà!* Você resolveu o problema dos cabelos "quase" lisos e deu vida aos cabelos sem graça! A melhor parte é que não foi preciso aprender uma técnica nova, assistir a um vídeo no YouTube, comprar uma escova rotativa especial ou torcer o braço todo. Essa técnica pode não ser perfeita, mas é fácil e vai funcionar para todas que vão trabalhar com cabelos sem vida, bagunçados ou lisos demais. Façam esse esforço, queridas: ele vai ser percebido.

Alerta de estilo: *Gaste mais em itens ousados ou mais evidentes. Se você tiver alergias ou problemas de pele, invista em bons produtos para o rosto e economize no batom. Se os seus cabelos forem fracos, sem vida ou difíceis de lidar, gaste no salão ou em equipamento para manutenção capilar e economize nos produtos.*

Se você quer ganhar mais crédito, adicione uma chapinha à rotina. Para economizar tempo e manter os cachos saudáveis, alise apenas as pontas depois de secar. Isso mantém o volume na parte de cima e deixa o visual elegante como um todo. Além disso, antes de usar qualquer aparelho quente no cabelo, aplique algum tipo de proteção térmica. Verifique a seção de produtos para cabelo nas farmácias ou supermercados ou pergunte ao seu cabeleireiro sobre sprays e séruns que ajudam a proteger as madeixas do calor dos secadores e chapinhas.

Se a manutenção não for a sua praia, será melhor tirar os cabelos do rosto com um prendedor elástico? As clientes me perguntam: "Esses prendedores elásticos não são tão ofensivos como pregadeiras de plástico, então não deve ter problema, certo?" Errado! Se você quiser acrescentar um acessório ao cabelo, pense em palitos (eles parecem hashis de comida japonesa, mas menores), elásticos decorativos para rabo de cavalo (com pérolas, laços ou enfeites de prata ou ouro) e faixas de cabelo mais finas. Se você prefere deixar o penteado o mais invisível que puder, experimente usar elásticos ou faixas da mesma cor dos cabelos para segurar rabos de cavalo ou coques. Grampos, acessórios para segurar coques e outros apetrechos de cabelo "feitos para a televisão" têm o objetivo de se misturar aos seus cabelos e não aparecer. Se você tem medo que elásticos marquem os cabelos, ouça este aviso: vá trabalhar com os cabelos que você espera usar na maior parte do dia. Se você chegou com um determinado visual, saia com ele. Todos vão notar se você mudar de roupa no meio do dia, logo não fazemos isso, a menos que haja um grave acidente. O mesmo vale para penteados, maquiagem e sapatos. Quanto mais visível for o acessório de cabelo, mais atenção você vai chamar. Guarde os elásticos com estampas paisley, pregadeiras enfeitadas com cristal e imensos grampos cor-de-rosa para quando você prender os cabelos para lavar o rosto à noite.

Cabelos grisalhos

Cabelos grisalhos são naturais e lindos, já uma loura de farmácia com sobrancelhas castanhas nem tanto. Como a textura dos cabelos pode ficar mais áspera à medida que ele fica grisalho, use produtos para nutrir e manter os cabelos com aparência saudável e brilhante. Raízes expostas e tinturas malfeitas vão fazer você parecer ainda mais velha do que o visual parcialmente grisalho. Então seja gentil com os cabelos e lembre-se de que você pode não enxergar o alto da própria cabeça, mas todo mundo vê. E, sim, as pessoas mais altas também podem perceber a hora de pintar as raízes antes de você. É possível cobrir pontos isolados ou tingir as raízes temporariamente com um spray, mas, uma vez que você começa a tingir, é um compromisso difícil de largar. Prepare-se para investir tempo e dinheiro nisso.

Unhas

Você prefere esmalte escuro ou claro? Unhas compridas ou curtas? Verdadeiras ou postiças? Tudo isso depende da sua personalidade e da saúde das suas unhas. O mais importante é que elas estejam limpas e bem-cuidadas. Para algumas mulheres isso significa frequentar a manicure do bairro uma vez por semana, enquanto outras dão conta do recado usando um cortador de unhas após o banho. Entre as gafes comuns no trabalho estão esmalte descascando, unhas sujas, pele rachada, aquelas peles soltas na base da unha, além das unhas excessivamente longas, postiças e pintadas em cores berrantes.

Cores

Unhas coloridas são aceitáveis no escritório, mas é preciso usá-las com confiança e elegância. Continuem hidratando as mãos no inverno, queridas. Tenha em mente que mesmo se o código de vestimenta for casual, as suas unhas não devem ser o assunto favorito dos colegas quando você sair da sala. Se você sentir que precisa combinar a cor da roupa com as unhas (todos os dias), o esmalte escolhido provavelmente é demais para o trabalho.

Não escolha suas cores preferidas ao acaso, encare isso como uma decisão estratégica. Experimente várias cores antes de se comprometer. Trate o assunto como se estivesse decidindo pintar a sua casa: você jogaria qualquer cor nas suas paredes? Seja inteligente. Tem uma reunião importante esta semana e também um evento pessoal divertido? Ouse. Você adora os tons neutros e pálidos porque combinam com tudo, mas enjoa deles muito rápido? Passe uma camada de glitter na metade superior das unhas para dar um brilho sutil. Se você adora roupas escuras ou pretas e gosta de cores e texturas, trate as unhas como acessórios. Se usar estampas todos os dias, fique longe de cores ousadas para não gerar um conflito no visual.

Se o esmalte começa a descascar após três dias, prepare-se para fazer manutenção diária se você usar esmaltes escuros com frequência. Pode ser preciso adicionar cores nas pontas, passar uma camada extra para fixar a cor ou retirar o esmalte antes do esperado. Geralmente os tons mais suaves são mais fáceis de manter no ambiente corporativo, pois as imperfeições são mais difíceis de notar. O mundo e a tecnologia dos esmaltes avançaram bastante nos últimos anos e os géis coloridos de fácil enxágue para unhas (como Shellac, Gelish ou OPI Axxium) também podem ser uma boa opção para quem tem unhas que não seguram a cor. Estes géis coloridos geralmente duram de duas a três semanas e só precisam ser trocados quando a unha crescer muito e eles ficarem visíveis (ou quando você começar a arrancá-los).

Mulheres que passam o dia inteiro de uniforme, como farmacêuticas, carteiras, profissionais da indústria de alimentos e as que trabalham em áreas criativas fazem parte dos grupos privilegiados nos quais a ligação com os clientes e compradores são feitas e mantidas por meio do toque pessoal e único em termos de estilo. Ceda à tentação das unhas divertidas, mas mantenha todas sempre limpas e bem-cuidadas. Já em áreas como a de saúde, científica ou educacional é melhor não usar esmaltes. Mulheres que trabalham com as mãos o dia inteiro ou não gostam de esmaltes também devem pensar em fazer as unhas, mesmo sem pintar, o que exige menos manutenção e não deixa de contribuir para um visual adequado ao ambiente de trabalho.

Comprimento

Qual o tamanho ideal das unhas? Não podem ser compridas demais a ponto de poder ouvi-las! Quando os dedos começarem a fazer aquele som de claque-claque no teclado, as unhas estão compridas demais para o ambiente de trabalho. O problema aqui obviamente é a percepção. Se as suas unhas estão compridas a esse ponto, as pessoas começam a se perguntar o que há embaixo delas: sujeira? Bactérias?

Há uma imenso contingente de mulheres que usam unhas postiças. A dica para que elas sejam adequadas ao escritório é fazê-las parecer unhas de verdade. Ou seja: use-as curtas e adote um estilo parecido com o seu tipo de unha. Muitas mulheres usam unhas postiças não só pela aparência e sim porque têm unhas fracas (ou porque têm o hábito de roê-las), por isso mostrar as verdadeiras não é uma opção. Porém, é fácil descobrir se as unhas são falsas, pois elas tendem a ser mais espessas e se forem mantidas por muito tempo, isso fica mais óbvio. Independente de manter as unhas naturais, lixadas, pintadas ou postiças, adote um comprimento mais curto e bem-cuidado (arredondada ou quadrada é uma questão de gosto pessoal) e a chance de seu público notar a diferença será menor.

Unhas do pé

Elas tendem a ficar mais à mostra em climas quentes ou no verão e devem ser mantidas limpas e curtas. Se você gosta de fazer as unhas do pé, aproveite. Se não gosta de esmalte, basta mantê-las limpas e bem-cuidadas. As unhas do pé costumam ter cores mais berrantes que as das mãos, portanto este é o lugar para se divertir. Porém, valem as mesmas diretrizes usadas para as mãos: lascados indicam um verão preguiçoso na praia, sujeira deixa claro que você não tomou banho e unhas compridas demais acendem o alerta do nojinho. Não importa se essas percepções não estejam de acordo com a realidade, é o que as pessoas acreditam. Tendo consciência disso, faça suas escolhas com sabedoria. Não pense que nunca vão olhar para os

Arrumação e preparação

seus pés se você estiver usando sapatos abertos. Acredite, alguém vai ficar entediado e não vai conseguir tirar os olhos de lá.

Corpo

As mulheres têm um monte de coisas para cuidar antes de sair para o trabalho. Já abordamos o básico da moda, como: manter práticas saudáveis para cuidar da pele, maquiar-se em 15 minutos, admitir que é preciso aprender a lidar com o cabelo, além de regras simples de cuidados com as unhas. Agora vamos falar rapidamente sobre assuntos ainda mais delicados. Você pode pensar que algumas dessas respostas são bem óbvias, mas perguntas sobre desodorante, perfume, autobronzeador e até depilação das pernas me dão bastante trabalho!

Desodorante

Não use pouco nem em excesso. Desodorante demais pode manchar as roupas e pode ser um sinal de insegurança. O segredo? Se alguém se aproximar para dar aquele abraço de parabéns, esta pessoa não pode sentir cheiro de suor. De perfume, talvez. Mas suor, nunca. Como saber se você está fedendo? Cheire as roupas quando tirá-las à noite.

Algumas mulheres não têm problemas com mau cheiro, mas deixam manchas de suor nas blusas. Isso é normal. Se você transpira muito, use tecidos que ajudem a minimizá-lo (fique longe da seda), adote cores escuras e vista-se em camadas. Esse problema pode ser bem constrangedor, mas é facilmente resolvido com uma receita do seu médico (para desodorantes com cloreto de alumínio) ou um procedimento simples e periódico (botox).

O que acontece quando a camisa que você mais gosta de vestir para trabalhar (ou qualquer outra camisa) está com manchas de suor? Sei que você pensa que ninguém vai vê-las se ficar com os braços abaixados ou se usar um blazer, mas não é aceitável continuar usando esta roupa! As áreas amareladas não são invisíveis. Você vai fazer algum movimento durante o dia que vai deixá-las à mostra, seja na máquina de café quando estender a mão para escolher o produto desejado ou quando tirar o blazer na privacidade do seu escritório porque está com calor. Inevitavelmente este será o momento em que o seu chefe entrará na sala. Você nunca pensaria em usar uma camisa com uma mancha imensa de água sanitária ou um rasgo enorme, então por que as manchas de suor são permitidas? Não pode. A diretriz para roupas manchadas de suor é: jogue fora. É nojento.

Perfume

O impacto do cheiro pode ser imenso. Embora você possa se achar sexy com um bom perfume, lembre-se de que cada pessoa tem uma interpretação diferente de cheiro. Aromas geralmente são associados a lembranças, e você não quer ser uma lembrança ruim. Por exemplo, imagine ir a uma entrevista de emprego e o seu perfume fazer o seu talvez futuro chefe se lembrar de uma ex-funcionária que demitiu. Você não quer que ele pense nesse assunto, pois prefere que ele esteja concentrado em vez de distraído. Para evitar isso, não use perfume quando for para uma entrevista de emprego.

Algumas pessoas adoram cheiro de perfume, mas outras são alérgicas. Isso significa que é preciso usá-lo no escritório com sensatez. Na verdade, alguns ambientes proíbem abertamente o uso de perfumes. Se você puder usá-los no trabalho, escolha um aroma que não seja forte demais ou ousado o bastante para causar enxaquecas. Pense em usar uma água-de-colônia. Várias grifes lançam as suas fragrâncias mais populares nesta versão mais leve. Meus métodos preferidos de aplicação, dependendo do aroma: pulverize o ar à sua frente e caminhe na direção dele ou passe um pouco nos pulsos e na nuca. Isso ajuda a garantir que as pessoas ao redor não vão sufocar com o seu aroma quando você entrar no recinto.

Autobronzeador

É um produto de beleza que costuma aparecer na primavera. Inseguras com as pernas brancas ou apenas querendo aquela cor do verão, nós começamos a procurar cremes, óleos, lenços umedecidos ou qualquer produto novo lançado desde o último verão. Do mesmo modo que os cuidados com as unhas, cabelos e maquiagem, o segredo está em manter uma aparência natural. Pernas listradas gritam "bronzeador de farmácia" em vez de férias nas ilhas Turks e Caicos.

O óleo bronzeador tende a hidratar e também dá um brilho na pele, com toques de bronzeado. Como esse produto não é bem um autobronzeador, se você se esquecer de passar numa região, a falha não fica tão visível. Um dos meus produtos obrigatórios favoritos para obter esse visual de verão é o

Nars Body Glow. Ele tem cheiro de férias e é fácil de aplicar. Está sempre no meu kit e nunca vou para entrevistas na televisão, festas ou eventos importantes sem ele!

Pelos corporais

Gostaria de escrever em maiúsculas para enfatizar o meu recado: QUEM ESCOLHE USAR SAIA, VESTIDO, CALÇA CAPRI OU QUALQUER CALÇA NA ALTURA DO TORNOZELO DEVE TER UMA PERNA SEM PELOS. Isso pode parecer óbvio, mas acredite: é uma diretriz que algumas pessoas não seguem. Já apresentei seminários em corporações que estão na lista das quinhentas maiores da revista *Fortune* e volta e meia encontrava uma executiva na primeira fila usando uma bela saia lápis, blusa branca de bom caimento e um cintão estiloso, mas estragando o belo visual com pernas cabeludas. Isso não é certo. Nem um pouco. Ela se esqueceu de depilar? É contra a sua cultura ou crença? Na verdade, a resposta não importa. Não estou dizendo que depilar as pernas para o trabalho seja obrigatório sempre, para isso existem as calças. Mas você não pode usar saias, vestidos, calças capri ou qualquer calça na altura do tornozelo e exibir uma perna cabeluda no ambiente profissional. O mesmo vale para os pelos na região das axilas. Se a depilação for contra os seus princípios, então não deixe os pelos à mostra.

Higiene e beleza para homens

Um regime de higiene e beleza para homens pode variar de cinco a 15 minutos, dependendo se você decidiu raspar e aparar os pelos faciais ou apenas passar perfume, gel para cabelo e hidratante. Faço palestras em bases militares com frequência, dando aulas para soldados que estão fazendo a transição para a vida civil. Mais ou menos uma vez por mês, é organizado um curso de três dias voltado aos soldados que planejam sair da vida militar. Esse treinamento inclui desde dicas para redigir currículos até consultoria de imagem. Após uma carreira militar de vinte anos ou apenas cinco, receber uma atualização quanto às técnicas de entrevista e lições sobre a cultura corporativa no setor privado pode ser muito útil. Sempre fico impressionada com o esforço feito pelo empregador mais poderoso do país para ensinar seus funcionários as habilidades de que precisam para retornar ao mercado de trabalho civil.

Esses grupos de homens de farda altos e fisicamente bem-preparados sempre me fazem as perguntas mais interessantes sobre moda e estilo. Geralmente, eles cabem nos mesmos ternos que vestiam vinte anos antes (as exigências do treinamento físico costumam ser duríssimas) e querem saber se ainda podem usá-los. Dependendo do corte e do estilo do terno, desde que equilibrado com as tendências atuais, a resposta às vezes é sim. Depois que começo este assunto com um grupo de homens, o nível de interesse e empolgação aumenta até falarmos sobre usar hidratante com filtro solar. Fazer a barba é parte do processo de higiene e de limpeza inato para os homens, mas passar hidratante é algo que costuma ser feito apenas pelas mães ou esposas deles. Geralmente essa resistência se baseia mais numa mudança da rotina do que num eventual temor pela masculinidade. O filtro solar é visto como algo para se usar na praia. Felizmente, ao fim de uma hora, a maioria já tem a lista de compras nas mãos e está pronta para ir à farmácia mais próxima.

Cabelos

Conheci Joe durante um seminário no Pentágono. Ele foi um desses caras que tiveram um pouco de resistência a mim. Alto e careca, Joe achava que ninguém jamais havia chegado perto o bastante para reparar se ele passava hidratante. À medida que a conversa evoluiu e cheguei mais perto dele, imediatamente notei algo e tive certeza de que poderia ajudá-lo. Primeiro discutimos os méritos do banho e do desodorante: ele concordava que ambos eram importantes. Então, quando perguntei sobre a pele descascando, irritada no alto da cabeça, ele achou que eu estava brincando! Depois de ter ficado careca, há muito tempo, Joe nunca mais se preocupou com a cabeça. Quem tem cabelo geralmente usa produtos para arrumar o penteado, já os que não têm precisam hidratar. Após passar vários dias quentes ao sol, a cabeça de Joe estava nitidamente queimada. Perguntei se ele estava satisfeito com a atual rotina de cuidados com a pele e, felizmente, Joe percebeu que havia como melhorar.

Conheço muitos homens que estão ficando carecas e eles costumam pedir a minha opinião, perguntando se devem assumir a careca e parar de disfarçar a queda do cabelo ou manter o pouco cabelo que têm para obter uma aparência mais profissional. Como na maioria das minhas respostas, a filosofia aqui é simples: faça o que parece natural e lhe dê uma sensação de poder e autonomia. O truque de pentear o cabelo por cima da careca não engana ninguém.

Culturalmente, tendemos a ver jovens raspando a cabeça ou fazendo o corte à escovinha enquanto os mais velhos e conservadores gostam de manter o penteado. Seja qual for o seu estilo, a manutenção regular dos cabelos e do couro cabeludo é uma necessidade. Se você escolheu raspar a cabeça sozinho, por favor, use um espelho. Já perdi a conta de quantas vezes vi uma cabeça raspada com um tufo de cabelo esquecido na parte de trás.

Se você estiver no extremo oposto e tiver muito cabelo, cuide dele. Não pense que por ter a sorte de ostentar essa juba aos 55 anos não precisa usar produto algum para domá-la. Corte o cabelo regularmente e mantenha um estilo profissional que combine com o seu guarda-roupa. Se você sofre de caspa, tenha sempre um xampu adequado para uso constante. Não adote o visual "cabelo de cientista louco" a menos que você realmente seja um cientista louco.

Pelos faciais

O melhor conselho que posso dar é: escolha um estilo e mantenha-se nele. Se você gosta de barba ou bigode, apare os pelos faciais e mantenha-os bem-cuidados. Se preferir o visual recém-barbeado, faça a barba todos os dias. A barba por fazer está em alta, mas pode não ser adequada para o seu ambiente de trabalho. Se você decidir que sim, faça a manutenção do estilo: passe o barbeador nas bordas e apare frequentemente para mostrar ao seu chefe e colegas de trabalho que esta é uma opção de estilo e não um homem das cavernas versão chique. Não vá trabalhar com áreas sangrando ou com esparadrapo no rosto. Sim, há quem faça isso. Experimente usar produtos pós-barba como Tend Skin e Barc Bump Down Relief.

Alerta de estilo: *Moças, peguem emprestado o produto pós-barba do seu namorado, que também será útil se sua pele ficar irritada após a depilação.*

Pelos corporais

Ao chegar a uma determinada idade (geralmente por volta dos trinta anos), podem surgir pelos visíveis no nariz ou sobrancelhas desalinhadas que precisam de cuidado. Os pelos no ouvido costumam aparecer um pouco mais tarde. Quando você perceber uma quantidade maior do que consegue dar conta durante a manhã, antes de sair para o trabalho, é hora de investir numa pinça e num aparador de pelos. Também é possível pedir ao barbeiro para cuidar dessas áreas críticas, mas sempre verifique se há pelos crescendo e apare-os. Esses pelos excessivos podem ser extremamente perturbadores e desagradáveis para os outros, mas são fáceis de remover, então não tem desculpa! As tesouras comuns geralmente funcionam para os pelos do nariz, embora um aparador seja rápido e prático. Se você ganhou um desses de presente no último Natal, alguém estava mandando uma indireta.

Os pelos no peito são outro aspecto por vezes negligenciado no ambiente de trabalho. Rapazes, é para isso que servem as camisetas de baixo. Por favor, parem de usar camisas de gola V por baixo das camisas sociais de colarinho aberto. Embora ajudem a evitar o suor, elas deixam os pelos do peito à mostra. Se você tiver pelos em excesso, isso não lhe favorece. Caso tenha tufos de pelos espalhados pelo corpo, também não. Você pode usar camisa de colarinho aberto e deixar um pouco do peito à mostra apenas se *não tiver pelos* (e nem irritação na pele, caso depile). Todos os outros precisam se cobrir. Seus colegas do sexo masculino não querem ver o seu peito cabeludo no trabalho. Muito menos as mulheres.

Unhas

Este é um assunto fácil, pois as regras não mudaram desde que a sua mãe as cortou pela primeira vez na infância: mantenha as unhas curtas e limpas. Tradução: tenha um cortador de unhas no banheiro e corte-as após o banho, lixando as pontas caso seja necessário. Ter unhas sujas é aceitável apenas quando você trabalha com graxa. Este não é o seu caso? Então já sabe o que fazer.

Perfume e desodorante

Os clientes corporativos geralmente me contam ótimas histórias de RH. Jamais vou me esquecer da vice-presidente que me contou ter entrevistado um candidato altamente qualificado cujo perfume era tão forte que lhe deu alergia. Outros me disseram que alguns funcionários são reconhecidos pelo

Arrumação e preparação

aroma que deixam nos elevadores diariamente. Ninguém deve notar o seu cheiro, a menos que chegue perto o bastante para lhe dar um abraço.

Uma agência de publicidade em São Francisco me chamou para discutir um assunto olfativo bastante delicado com um funcionário: o cheiro de suor. De acordo com minha experiência, existem duas categorias em que os homens se encaixam quando se trata do velho cecê: os que usam desodorante e têm aparência limpa, mas não sabem que também precisam de antitranspirante para impedir o surgimento das bactérias que causam o mau cheiro e os que preferem não usar um desodorante antitranspirante por gostarem de ter "cheiro de homem". Sim, há quem acredite nisso (e não viva na floresta e nem trabalhe em ambientes externos).

Jack era o tipo de cara que se acha merecedor de tudo o que conquistou. Por ser inteligente e determinado, subiu rapidamente na carreira. Além disso, era alto e barbudo, um físico que indicava a possibilidade de ter sido jogador de futebol americano ou de rúgbi em algum momento. Quando nos conhecemos, mal pude notar o "cheiro de homem", mas quando ele me levou ao seu escritório e caminhei atrás dele, o odor ficou mais forte. Ao entrarmos no escritório amplo, parecia que o ar tinha parado de circular.

Jack e eu falamos de sua nova função: capacitar os jovens funcionários do escritório. Como era muito bem-sucedido, ele procurava transmitir um pouco do que aprendeu na vida. Além disso, havia passado por alguns reveses e desafios pessoais que o levaram a criar um programa para os funcionários da empresa. Porém, ficou surpreso com o baixo número de participantes. Mal sabia ele que houve várias reclamações, tanto de homens quanto de mulheres, sobre o mau cheiro, considerado uma tremenda falta de profissionalismo. Era difícil levá-lo a sério, ainda mais como mentor.

Mais mulheres estão no comando hoje em dia, e a quantidade de mães que trabalha fora aumenta cada vez mais, igualando os gêneros na sala de reuniões. As mulheres geralmente observam mais detalhes que os homens e costumam ter padrões de higiene e beleza mais altos. O ambiente de trabalho não é mais o Clube do Bolinha de antes. Até pode ter havido uma época em que um homem desculpava a gafe do outro nesse quesito, mas isso não acontece mais. Quando você não cheira bem, seja por excesso de perfume ou falta de desodorante, as pessoas vão comentar.

Fui bem sincera com Jack. Falamos sobre a imagem de uma pessoa ser, sem sombra de dúvida, uma ferramenta corporativa. Daí a conversa naturalmente passou para a imagem do Jack no escritório e seus hábitos de higiene e beleza. Quando ele contou que não usava desodorante por achar que comprometia sua "masculinidade", decidi propor um exercício: andamos pelo escritório e perguntei se ele sentia algum cheiro específico. A cozinha cheirava a pipoca de micro-ondas? A mulher no elevador exagerou no perfume? Os aromas têm em um papel importante na relação com as pessoas, e o cheiro mais bem-sucedido é sempre o neutro. Uma pessoa não deve sentir o cheiro da sua loção pós-barba, desodorante ou xampu, exceto se estiver a menos de trinta centímetros de distância de você.

Subitamente, Jack ficou ciente dos aromas a sua volta e, quando voltamos ao escritório, aproveitei a oportunidade para perguntar se achava que a sala dele tinha um cheiro específico. Aí ele finalmente entendeu por que precisava usar desodorante antitranspirante e aspergir o escritório com Bom Ar. Ele me contou há pouco tempo que o programa de capacitação virou um grande sucesso, com filiais de todo o país dando continuidade a sua iniciativa.

Considerações finais

Você vai notar que não mencionei neste capítulo a necessidade de escovar os dentes. Espero que isso já faça parte da sua rotina diária (e se não fizer, no mínimo o seu dentista sabe disso). Geralmente escovamos quando sentimos os dentes sujos, é uma resposta reativa. Alguns hábitos são naturais. Porém, a pele nem sempre diz quando precisa de filtro solar, os cílios não avisam quando o rímel vai fazê-la ser notada pelos motivos errados e a barba por fazer não fala quando você está afastando as pessoas. É responsabilidade sua pensar nas "melhores práticas" de cuidados pessoais para manter uma aparência profissional no trabalho.

6

DECIFRANDO O CÓDIGO DE VESTIMENTA DO LOCAL DE TRABALHO

Definir limites para as roupas ajuda o funcionário a ter diretrizes para se vestir com responsabilidade no dia a dia. Houve uma época em que as pessoas consultavam o código de vestimenta do restaurante antes de sair de casa por gostarem de se vestir adequadamente e não chamar atenção. O ambiente do escritório deve seguir o mesmo padrão. Tudo bem manter a individualidade, mas sem deixar de ser o mais profissional que puder.

Cada cidade tem um código de vestimenta informal, e quanto mais você entender as nuances regionais do vestuário, mais controle terá na sala de reuniões. Um magnata do Vale do Silício pode se vestir como um universitário, enquanto um peso-pesado de Wall Street talvez prefira um terno no estilo dos gângsteres dos anos 1940. O ambiente de trabalho de uma empresa de tecnologia tende a ser bem mais descontraído que de uma financeira, embora a tarefa de não chamar a atenção e ao mesmo tempo se destacar de alguma forma possa ser um desafio em qualquer área. Entender o estilo "casual tecnológico" é difícil até para quem está no mercado há tempos. Por ser um ambiente de trabalho dominado por uma geração mais jovem, muitos dos quais abandonaram a faculdade para abrir startups, costuma ter um "anticódigo de vestimenta".

Sim, é confuso, especialmente se você passou décadas se arrumando para trabalhar. Mas essa antiga regra resiste ao teste do tempo: vista-se para o trabalho que você deseja, não apenas para o que já tem. Antes de fazer a entrevista, identifique e entenda a cultura corporativa da empresa. Houve uma época em que o terno era o único uniforme adequado para todos os gêneros, mas agora você vai ganhar mais pontos se fizer o dever de casa e se vestir no estilo mais alinhado ao código de vestimenta da empresa. Usar a melhor versão desse código mostrará que você está em sintonia com os seus possíveis futuros colegas, além de passar uma presença forte para o empregador.

Códigos de vestimenta

As empresas adotaram vários estilos de roupa ao longo dos últimos anos (incluindo versões conflitantes em indústrias do mesmo ramo), deixando

Decifrando o código de vestimenta do local de trabalho 111

as pessoas confusas e frustradas, sem saber qual era o estilo adequado para o trabalho. Costumo falar com grupos de vários tamanhos em escritórios, eventos e conferências a fim de esclarecer as diretrizes para se vestir como um profissional moderno. Aqui você vai encontrar definições para códigos de vestimenta que vão do formal corporativo ao casual tecnológico, além de dicas sobre o que usar para uma entrevista feita pela internet e como se vestir de forma profissional durante uma viagem de negócios. Vamos explorar a definição dos códigos de vestimenta para o dia a dia, como casual corporativo e os reservados para ocasiões especiais, como o casual resort. Em cada escritório há pessoas cujo estilo de vestimenta indica que são líderes e os que parecem estar em busca de liderança. Que imagem você vai passar? A resposta está nas suas roupas.

Definindo o formal corporativo

Formal corporativo é o código de vestimenta dos guerreiros. Era o que todo escritório exigia: um estilo de roupa tradicionalmente bem-vestido e elegante. Os homens usavam ternos muito bem-passados e calças sociais com blazer esporte num dia "casual", enquanto as mulheres quase sempre vestiam saias, vestidos ou terninhos. As áreas com maior probabilidade de ter funcionários que seguem este código de vestimenta são escritórios de advocacia e instituições financeiras. Claro que há outras, além de certas áreas do governo e empresas de consultoria e contabilidade que estão na lista das quinhentas maiores da revista *Fortune*. Embora ainda seja a mais conservadora, a definição do formal corporativo evoluiu substancialmente.

Hoje, a roupa de trabalho do executivo é casualmente elegante. As pessoas se arrumam mais nos dias de reunião com clientes e usam algo mais casual em outros dias, além da sexta-feira casual. A principal forma de identificar um escritório formal corporativo é pela quantidade de pessoas usando ternos ou paletós. As mulheres quase sempre vestirão uma terceira peça ou blazer e os homens quase sempre vão estar de gravata (indicado que há um paletó à espera em algum lugar).

Se os homens usam ternos, então as mulheres também precisam usar? Não necessariamente. A maior mudança vista na moda corporativa é que as mulheres não precisam mais se vestir como os homens na sala de reuniões. Se você estiver numa reunião de alta gerência em um ambiente conservador onde os homens serão maioria (minhas clientes dizem que costumam ser as únicas na sala), há novas alternativas. Você não vai chamar a atenção no ambiente usando uma saia-lápis preta de alfaiataria (justa, mas não apertada demais), com uma blusa preta combinando e uma terceira peça poderosa, de preferência num tom ousado ou num estilo que combine suas cores favoritas com a sua personalidade. Se quiser realçar a cintura use um cinto e acessórios para obter um visual mais arrumado. Dependendo do clima ou da cidade onde estiver, use meia-calça, seja de fio mais grosso, preta transparente ou deixe as pernas de fora e complete o visual com sapatos de couro envernizado e salto fino.

Para as mulheres, o truque para continuar tendo aparência de executiva quando não estiverem de terninho ou blazer é manter o estilo sofisticado. Muitas pessoas usam terninhos como uniforme, e é comum encontrar modelos que não caem bem. Você vai parecer mais composta e demonstrar mais autoridade usando uma terceira peça fabulosa com saia, vestido ou calça social cheias de estilo do que uma pessoa usando um terninho qualquer. Se os terninhos combinam com o seu código de vestimenta ou apenas são um estilo atraente, faça um estoque dos cortes mais fashion que deem um toque moderno neste design clássico (e sempre esteja no encalço deles).

Como administrar o casual corporativo

A tendência do casual corporativo estreou no fim de 1990 na Costa Oeste dos Estados Unidos, batizada de "sexta-feira casual". O estilo nasceu na descontração da Califórnia e saiu da capital da tecnologia, espalhando-se pelo mundo. Na primeira versão, as mulheres usavam conjuntos de suéter e blusinha (que eram vendidos como água), os homens iam de camisa polo ou de colarinho americano mais casual e quase todos usavam calças cáqui. Uma década depois, alguns escritórios retomaram o casual corporativo enquanto outros ficaram ainda mais casuais. Os recém-formados estreantes no mercado de trabalho podem nunca ter visto um ambiente de trabalho em que não se usa jeans, mas os prédios da Câmara e do Senado provavelmente jamais vão aceitá-lo.

O casual corporativo significa não usar um paletó formal. Alguns homens podem optar pelo blazer esporte com calça social, enquanto a parcela mais jovem geralmente vai de camisa e calça sociais, pois consideram o blazer esporte muito chique ou maduro demais. Todos esses visuais podem funcionar, dependendo da área em que você trabalha. Os homens também po-

Decifrando o código de vestimenta do local de trabalho

dem colocar uma gravata ou suéter para melhorar a aparência. Geralmente me perguntam sobre os cardigãs masculinos, especialmente em ambientes onde se usa uniforme, como hotéis. A camisa polo ou suéter com zíper na gola (de lã ou cashmere) por cima da camisa social e da gravata é mais elegante do que o cardigã. Os suéteres com gola V e gola careca também podem ser uma boa opção para os mais magros (tenha cuidado: este estilo é famoso por destacar a barriga). Combine-os com calça social escura (preta, carvão, cinza médio, marrom e azul-marinho são boas opções básicas) ou levemente estampada (com listras ou quadradinhos). O mais ousado em termos de moda também pode escolher um colete estiloso para usar com a calça social.

Para as mulheres, a interpretação do casual corporativo é mais complicada, porque as opções parecem quase infinitas. O principal é saber que, embora não seja preciso usar blazer, a sua roupa não deve ser tão casual a ponto de ser confundida com uma estagiária. Uma terceira peça mostra autoridade e estilo, enquanto acessórios ousados dão o toque final de bom gosto. Um vestido também é fundamental nesta categoria: além de ser fácil de usar, geralmente precisa apenas de um acessório ou cinto para dar o toque final ao visual.

Mesmo que sua empresa permita roupas casuais na sexta-feira, quando os clientes não estão no escritório, lembre-se: já que você se veste bem a semana inteira, não estrague a imagem com um traje desleixado nos dias casuais. É mais fácil combinar as roupas quando o estilo é mais elegante, então capriche no visual sempre. Do contrário, a conversa no cafezinho vai ser sobre aquele dia em que você usou aquela camisa de golfe laranja e brega com a calça cáqui manchada.

Jeans no escritório

A mais nova adesão ao código de vestimenta casual corporativo é o jeans. Em vários escritórios dos Estados Unidos essa tendência começou como um agrado que acontecia uma vez ao mês ou uma opção para determinadas sextas-feiras. Tenho até alguns clientes corporativos que deixam os funcionários usarem jeans apenas se fizerem uma pequena doação para uma instituição de caridade. Quando a maioria das empresas estende o privilégio de usar jeans aos funcionários, não se espera que eles apareçam no escritório com os jeans batidos de usar no fim de semana. A expectativa é de uma aparência profissional, portanto não se deve vestir qualquer peça velha. A calça jeans para usar no escritório deve ser escura, ter a bainha adequada para os seus sapatos (em vez de arrastar no chão segundo a última tendência da moda), além de não ter rasgos, fiapos ou quaisquer outros indícios que a classifiquem como excessivamente estilosa (ou velha). Procure usar um jeans no estilo flare, com pernas mais largas, ou um corte mais sofisticado. Este visual adequado ao escritório cabe em qualquer orçamento, tanto em versão masculina quanto feminina. Deixe os jeans apertados ou de cintura baixa (e os pneuzinhos que geralmente os acompanham) em casa na gaveta, junto com as peças desbotadas!

Mesmo num escritório em que o jeans pode ser usado diariamente, lembre-se de que ainda é um *escritório*. Não é a sua *casa*. Continua sendo um ambiente profissional. Mesmo se os outros se vestirem sem muita elegância, isso não significa que você deva fazer o mesmo. Compre vários tipos de jeans escuros e mantenha o visual arrumado e elegante.

Camisas polo e marcas no escritório

No verão, muitos homens usam camisa polo no escritório em vez de camisas sociais. Se o seu código de vestimenta permite esse toque casual, é importante levar em conta que nem todas as camisas polo são iguais. Se tiverem logotipos de marcas ou estampas excessivamente grandes, dignas de serem usadas num passeio de lancha ou em férias de verão, não são adequadas. As camisas de golfe com estampas berrantes ou esportivas, obviamente feitas de tecido que absorve o suor, também não devem ser usadas no trabalho. Invista em camisas polo de cores uniformes e sem logotipos. A J.Crew tem ótimas peças desse tipo. Listras também são permitidas, mas teste o visual com um amigo para garantir que não vai deixar ninguém zonzo. Camisetas com marcas não devem ser usadas no ambiente casual corporativo, a menos que seja especificamente permitido pela empresa.

O escritório no fim de semana

Ainda é um ambiente de trabalho e não a sua garagem. Sim, você pode ser mais casual do que no dia a dia, mas não seja flagrado com algo que o deixaria constrangido caso visse o seu chefe ou o chefe dele vestindo. Há uma boa chance de você não ser a única pessoa trabalhando no fim de

Decifrando o código de vestimenta do local de trabalho

semana. Não seja desleixado. A etiqueta não muda quando você come no McDonald's, mesmo se estiver acostumado ao Four Seasons. As regras não mudam de um dia para o outro.

Entendendo o casual (tecnológico)

Os escritórios mais casuais são os da indústria de tecnologia ou departamento de TI de qualquer empresa. É amplamente aceitável se vestir de modo bem casual nesse tipo de ambiente (com diferenças regionais e de setor, é claro). Mesmo assim, ainda é possível se destacar num escritório em que tudo é permitido. Um toque autêntico costuma ser apreciado e pode virar parte do estilo que será a sua marca registrada.

Tenho um cliente no Vale do Silício que sempre faz questão de reservar um tempo para comprar meias quando se encontra comigo. E não é qualquer meia: compramos peças em cores neon, fortes, estampas ousadas, com argyles berrantes e outros estilos diferentes e divertidos que ele combina com o visual tranquilamente descontraído (de gênio da tecnologia). Em vez do terno, as meias representam a declaração de força e liderança numa sala cheia de moletons com capuz. Mesmo num ambiente de trabalho casual ou casual corporativo há uma hierarquia, e é preciso interpretar os sinais específicos daquele ambiente em relação à imagem. Da próxima vez que você for chamado para uma entrevista numa empresa de tecnologia, verifique os tornozelos do seu possível empregador!

O Facebook e o Google podem estimular a filosofia do "vista o que quiser", mas a realidade é que a maioria das empresas não faz isso. No fim das contas, todos esperam ser levados a sério no escritório, então se você for jovem e se vestir como tal (usando roupas amarrotadas, bainhas e barras inadequadas ou saltos nas alturas) está deixando clara a sua inexperiência. Ajudei clientes a se vestirem para impressionar na AOL, no *Huffington Post* e na Microsoft, e esses funcionários dizem que subir na carreira pode ser um desafio quando os rostos são jovens e a maneira de se vestir casual também o é até demais. Reuniões com blogueiros exigem um código de vestimenta diferente das reuniões com investidores. Entenda que pijamas, roupas de sair com os amigos da faculdade (moletons com ou sem capuz, jeans surrados e roupas esportivas) são feitos para pintar o apartamento ou cuidar do jardim. Essas peças não são adequadas nem para um ambiente de trabalho casual, seja na indústria de tecnologia ou em qualquer outra.

Quando a reunião de pais e mestres ou o playground é o seu escritório

Os ambientes e os horários de trabalho evoluíram ao longo dos anos. Você pode não frequentar um escritório formal todos os dias, mas isso não significa que não esteja trabalhando. Talvez você trabalhe em casa e encontre os clientes apenas em reuniões, almoços ou viagens de negócios. Ou talvez você tenha acabado de deixar o seu emprego no escritório e esteja pensando em abrir a própria empresa. Trabalhar em casa, investir numa rede de contatos, fazer trabalho voluntário ou participar de um conselho administrativo também exigem trajes adequados.

Ao procurar trabalho, preocupe-se em deixar sempre uma impressão positiva. Pode ser que um encontro ocasional com alguém no playground não peça um terno (embora parecer um adulto bem-composto ajude, independente de qual seja o seu objetivo), mas uma reunião na escola do seu filho exige uma roupa diferente, especialmente quando ela puder evoluir para o networking.

Pense nesta categoria de vestimenta como a mais flexível e divertida, pois varia do casualmente elegante, com você usando jeans enquanto trabalha em seu notebook no Starbucks, até a elegância modesta durante um almoço com um cliente. Para os muitos que se formaram e aderiram à correria entre trabalho e vida, este estilo de roupa é o ideal. Você pode comprar menos peças "para trabalhar" e se concentrar nas que realmente adora e planeja usar. O desafio? Não exagerar! Pode-se até trabalhar de casa de pijama, mas quando botar o pé na rua as pessoas precisam entender que estão diante de um profissional sério.

Casual resort

Uma das perguntas que mais me fazem é sobre o que vestir numa conferência em outra cidade ou em eventos corporativos, que costumam ser conferências estilo "casual resort" no Arizona, em Las Vegas, no sul da Flórida ou da Califórnia. As mulheres sentem ainda mais a pressão para serem ao mesmo tempo elegantes e adequadas ao ambiente. A temperatura não costuma ser a mesma do ambiente habitual de trabalho e pode ser que você faça novos contatos profissionais na viagem. Pode ser empolgante, ainda que um tanto esquisito, socializar com colegas de trabalho e gerentes fora

Decifrando o código de vestimenta do local de trabalho

do escritório por alguns dias. Separar as roupas que pretende usar antes de viajar vai te ajudar a se sentir preparado e confiante.

Sandy era relativamente novata numa empresa de consultoria e estava empolgada porque iria estrear como integrante sênior da equipe numa conferência casual resort em Tucson, no Arizona. Por ser conservadora no visual, ela planejava colocar na mala terninhos em cores leves (antiquados) e blusas florais, um erro que poderia ter lhe sacrificado uma primeira impressão positiva. Como o casual tecnológico, o casual resort é um desafio para o executivo que usa terno todos os dias. A proposta subjacente ao código de vestimenta casual resort num ambiente profissional é deixar o clima "mais leve" e estimular uma interação mais descontraída. Embora quem use uniforme possa achar estressante se preparar para isso, ficar mais confortável em roupas mais descontraídas pode ajudar a sua imagem nessas situações. Usar as mesmas roupas que veste para o trabalho todos os dias em cores mais suaves não vai funcionar.

Embora já estivesse na hora de atualizar o visual de Sandy como um todo, eu certamente não queria jogar um balde de água fria no entusiasmo que ela sentia com a viagem de negócios logo na nossa primeira reunião. Em vez de dizer o que não colocar na mala, analisamos a pilha de revistas e catálogos dela a fim de ajudá-la a desenvolver o gosto e a pensar em um estilo mais atual. Depois que defini o casual resort para Sandy, ela decidiu trocar as grandes estampas florais por cardigãs em cores fortes e vestidos tubinho. Logo ela entendeu que parecer uma profissional esforçada e séria numa conferência desse tipo pode não passar uma primeira impressão positiva, e que era possível continuar sendo profissional (e ganhar pontos extras) aderindo ao código de vestimenta tão claramente definido.

O primeiro parâmetro a ser considerado quando fizer as malas para um evento desse é a temperatura. O segundo é o nível de elegância para os eventos do fim de semana. Em geral, essas viagens são mais casuais durante o dia, às vezes tendo uma noite mais elegante de coquetéis ou reunião com sócios. As mulheres devem pensar em calças brancas, calças capri, tecidos leves como linho e algodão, vestidos para trabalhar no estilo casual chique, além de sapatos peep-toe e outros modelos abertos mais conservadores. Os homens em geral estarão bem-vestidos usando calças cáqui sofisticadas, camisas polo, camisas sociais (de manga longa ou curta) e um blazer esporte (o linho é opção de tecido divertida para esta peça). Se houver um evento mais formal na agenda, um terno é adequado, e talvez seja uma boa ideia acrescentar toques coloridos como uma camisa social e gravata divertida para entrar no clima do resort.

Os cônjuges podem ser convidados para eventos casual resort. Nesse caso, o código de vestimenta é semelhante, embora eles tenham mais liberdade para andar por aí em roupas casuais. Mulheres podem usar vestidos longos, e homens, bermudas de alfaiataria para passear pela cidade, enquanto você se veste para uma reunião de negócios ou conferência. Se você for o cônjuge, leve opções tanto para o dia quanto para a noite. E lembre-se: mesmo sendo num cruzeiro ou resort tropical, a viagem é de trabalho para o seu (sua) cônjuge, então é melhor deixar os trajes de banho mais ousados em casa. Aproveite as cores e seja casual, estiloso e adequado ao ambiente. Pense em quando você foi conhecer seus sogros pela primeira vez ou imagine estar com eles na praia. Não use nada que lhe cause vergonha!

Networking e a transição do dia para a noite

Incontáveis negócios são fechados fora da sala de reuniões. Nunca se sabe quando você vai precisar levar clientes para beber e jantar ou apenas ir a um evento de networking depois do expediente. Pode ser constrangedor ir a essas ocasiões com uma roupa casual demais.

A transição do dia para a noite é importante. A noite é para entreter clientes, participar de reuniões da diretoria ou frequentar eventos relacionados a sua área, e você pode ser convidado em cima da hora para algo. Por outro lado, também pode ser uma ida ao cinema, teatro, show ou outro evento com o mesmo grau de intimidade, o que exige o traje adequado. Para os homens, adaptar-se a esse código de vestimenta pode ser tão fácil quanto colocar o paletó do terno que está pendurado na cadeira do escritório ou aquela gravata extra que você guarda na gaveta.

Para as mulheres, a transição para um evento noturno costuma ser mais difícil, especialmente para quem não chegou ao trabalho preparada. Se você tem o hábito de usar uma terceira peça, isso sempre ajuda a ficar mais arrumada. Caso esteja planejando com antecedência o traje que vá do dia para a noite, pense em usar uma terceira peça mais alegre ou chique. Entreter clientes ou fazer novos contatos profissionais à noite se presta a um toque de glamour. Esta é também uma boa ocasião para visitar a seção de acessórios do seu armário. Use um cinto com o vestido ou blazer, ou inclua um colar, brincos ou uma pulseira que não passe despercebida. Leve um par extra de sapatos de salto ou uma clutch (ou bolsa pequena) para transformar o visual do dia para a noite. Não tenha medo de carregar peças extras e usá-las depois do expediente. Essa troca de acessórios e sapatos combinada a um rápido ajuste na maquiagem (um batom mais brilhante e um retoque no rímel) ajudará a montar o visual.

Festa de fim de ano da empresa

A pergunta sobre o que vestir na festa de fim de ano da empresa surge todos os anos. Até tenho clientes que mal saem da festa de fim de ano e já escolhem a roupa da festa do ano seguinte para se garantir! É importante ater-se ao código de vestimenta e ficar longe do visual sexy nada apropriado. Impressione o chefe, mas deixe as saias curtas e saltos altíssimos para a noitada com as amigas.

Conheça o ambiente. Se a sua empresa faz a confraternização de Natal fora do escritório, esta costuma ser uma ocasião para caprichar mais no visual. Coquetéis e dança num salão de hotel exigem vestidos de festa (fuja dos decotes generosos), enquanto a casa do chefe exige uma roupa alegre sem perder o estilo (cores natalinas e peças com glitter e outros brilhos). Funcionário e cônjuge obedecem o mesmo código de vestimenta. Meus clientes querem melhorar a presença executiva usando um visual que diz "líder" em vez de "seguidor". Infelizmente, a festa da empresa pode ter panelinhas, exatamente como a escola: os autoritários da área administrativa que deixam muito à mostra (seja no decote ou nos pelos do peito), os recém-formados que desaprenderam a se vestir (ou não sabem como); a equipe sênior que está arrumada demais e as mulheres da empresa que não querem ser confundidas com "casinhos de festa". Vista-se para impressionar e não deixe o seu estilo ser seu rótulo.

Alerta de estilo: *Se você não quiser investir numa roupa de festa que só vai usar uma ou duas vezes, experimente alugar um vestido. Reserve um vestido (e acessórios) e entre no circuito de festas de fim de ano totalmente na moda.*

A primeira entrevista

A primeira entrevista é uma ocasião importante, e você deve se vestir para impressionar. Não importa se a competição pela vaga for acirrada ou se você é o único candidato, vista-se para a vaga que deseja. Pesquise, entenda a cultura da empresa e vista-se de acordo com ela. Se o estilo do traje for o formal corporativo, vá para a entrevista de terno, no caso de homens, e terninho, para as mulheres. Caso seja casual corporativo, vista-se um nível acima. Respeite o processo da entrevista, afinal você ainda não conseguiu a vaga! Para essa ocasião, o traje pode variar do terninho à combinação de calça ou saia com uma terceira peça. Os homens têm mais facilidade aqui: use terno e, se sentir que o ambiente é mais casual, tire o paletó ao se sentar. Tenha em mente que você pode ser entrevistado pelo pessoal de recursos humanos, que sempre estão arrumados, ou por executivos de nível médio, que em geral usam roupas confortáveis no estilo casual corporativo. Tenha a aparência de um candidato exemplar e lembre-se de que todos devem se vestir com elegância para o trabalho desde o começo.

Caso a entrevista seja numa empresa muito casual ou que tenha um código de vestimenta distinto, talvez devido à área de atuação ou à localização (Havaí em comparação à Nova York, por exemplo), você pode parecer deslocado se estiver arrumado *demais*. Mesmo assim, a recomendação é de estar sempre um pouco mais formal do que a maioria dos funcionários. Se você não sabe como eles se vestem, pergunte a amigos ou visite um café perto da empresa para observar como as pessoas costumam se vestir enquanto elas entram e saem. Há precauções em termos de imagem a serem tomadas em qualquer entrevista: não exagere no decote ou no tamanho da saia, esteja com a rotina de higiene e beleza em dia e verifique se as roupas estão alinhadas e apresentáveis (sem rasgos e manchas ou amarrotadas). A maioria das entrevistas acontece com os participantes sentados, então experimente a roupa que pretende usar e veja se ela fica bem quando você está sentado. Para os homens, isso significa garantir que as calças não estejam amarrotadas demais, escolher um bom par de meias (de preferência que combinem com as calças e que não estejam desbotadas nem furadas) e usar sapatos engraxados. Para mulheres de saia ou vestido, significa garantir que o comprimento não esteja curto demais quando você se sentar.

Se você ainda estiver na faculdade e a entrevista for para o primeiro emprego ou estágio, valem os mesmos conselhos. Na verdade, os recrutadores

Decifrando o código de vestimenta do local de trabalho

podem estar no campus em busca de novos talentos. Se estiver planejando sair da aula para uma entrevista ou feira de empregos e estágios, mostre que respeita o processo e preocupe-se em tirar o moletom.

Entrevistas por vídeo na internet

A tecnologia evoluiu tanto que muitas empresas não sentem necessidade de mandar o candidato pegar um avião para fazer a primeira entrevista. A internet mudou os encontros amorosos e também outros tipos de encontros. Os empregadores sentem que podem conhecer os candidatos antes de encontrá-los pessoalmente. Primeiro, eles analisam minuciosamente as qualificações e referências. Depois de escolher os melhores, podem sugerir uma entrevista por telefone. Obviamente é bom parecer confiante e seguro nesse momento. Se você não estiver na mesma região, a entrevista por vídeo na internet pode ser a próxima etapa.

A primeira coisa que você precisa saber sobre esse tipo de entrevista é que a câmera não vai lhe favorecer. Muita gente se preocupa mais com o cenário da entrevista do que com a escolha da roupa. Ambos têm algo em comum: você e o seu espaço devem parecer cordiais e amigáveis. Pense num cenário criativo com estantes de livros ou plantas em vez de uma parede branca vazia ou um quarto bagunçado. Se você estiver sendo entrevistado para uma vaga em ambiente corporativo, o código de vestimenta corporativo se aplica. E é claro que você deve arrumar o cabelo, se maquiar e fazer os procedimentos de higiene e beleza adequados. Como as pessoas tendem a parecer mais pálidas no vídeo, as mulheres podem pôr um pouco de cor nos lábios para passar uma presença mais poderosa e estimular o contato visual. Faça isso mesmo se você não costuma usar maquiagem. Deixe as joias ruidosas na gaveta, pois o vídeo é muito sensível a sons.

Você pode não saber com antecedência se a entrevista vai ser transmitida para uma sala de reunião com várias pessoas ou apenas para uma baia em que alguém está usando fones de ouvido. Esteja preparado para tudo. Como sabem os talentos da mídia ao vivo, uma boa iluminação faz toda a diferença. Evite colocar luzes na frente da câmera e, se possível, fique na frente de uma janela para que a luz incida em você ou então coloque um abajur acima da câmera para criar uma auréola em volta do rosto. A ideia é que a tela seja preenchida pelos três primeiros botões da sua camisa, além do rosto e do cabelo. As roupas muito estampadas causam vertigens no interlocutor, enquanto peças brancas ou de tweed não funcionam bem em chats de vídeo. Atenha-se a cores uniformes e um belo colarinho ou colar que complemente o formato do rosto. E não se esqueça de usar calças, caso você precise se ausentar por um minutinho e tenha que se levantar diante da câmera!

Por fim, preste atenção à linguagem corporal. As pessoas podem ficar mais atentas a isso em vídeo do que pessoalmente. Emane uma presença executiva. Sente-se com a coluna reta, evite fazer movimentos e gestos bruscos (eles distraem a atenção e são estranhos) e sempre olhe para a câmera quando falar. Mas evite olhar para a telinha que está exibindo a sua imagem no computador.

Networking ou reuniões com clientes em cafés

Hoje em dia, muitas pessoas trabalham em horários flexíveis, muitas vezes de casa. Às vezes recebo perguntas sobre o que vestir numa reunião com possíveis clientes, sócios ou grupo de networking profissional em um café da manhã. Esta ocasião certamente não é tão formal quanto uma visita ao escritório, mas ainda exige uma aparência profissional e, neste cenário, o julgamento pela aparência pode ser até maior. Possíveis sócios gostam de ver se há algo a invejar ou se envergonhar a seu respeito antes de se colocarem à disposição para lhe apresentar aos contatos deles. É importante que a mensagem transmitida pela sua aparência seja tão cordial e amigável quanto a sua personalidade. O estilo casual corporativo é adequado para reuniões com apenas uma pessoa, enquanto numa reunião em grupo talvez o mais conveniente seja o corporativo completo. A melhor forma de identificar o visual adequado é analisar de onde seus interlocutores estão vindo ou para onde vão. Caso eles sigam para o trabalho depois de um café da manhã, vão estar mais bem-vestidos, enquanto um consultor que trabalha em casa vai vestir algo mais casual para tomar um café com você.

O primeiro dia de trabalho

O que você vestir no primeiro dia, e até na primeira semana (você pode não encontrar todos os executivos da alta gerência no primeiro dia), no emprego ou estágio pode marcá-lo pelo resto do tempo que passar na empresa. A primeira impressão é mesmo a que fica e é difícil de mudar. Vista a roupa apropriada ao ambiente de trabalho, esteja na moda (não se vis-

Decifrando o código de vestimenta do local de trabalho 123

ta como uma pessoa velha ou jovem demais) e estreie os seus melhores visuais. Se você notou na entrevista que o código de vestimenta é mais casual ou formal do que imaginava, adapte-se. Se precisar ir às compras, faça isso antes do primeiro dia de trabalho. Comece do zero em seu novo cargo e dispense aquela mancha em volta do colarinho, a calça larga e os sapatos gastos. Não seja aquela pessoa flagrada pintando os saltos com um marcador de tinta permanente no primeiro dia de trabalho (sim, as pessoas fazem isso. Às vezes dá certo.). O ideal também é não ser flagrado grampeando a bainha da calça porque ela descosturou. Evite essas emergências dispensando roupas gastas e estreando peças novas na primeira semana (ou no primeiro mês).

Viagens de negócios e códigos de vestimenta em diferentes cidades

Atualize o visual quando viajar e vista-se para a função que deseja, não apenas para a que foi designado. Ter uma aparência agradável e estilosa ajuda a ganhar pontos quando se trata de viagens de negócios. É possível manter-se confortável, mas pense em usar cores mais escuras para obter um visual mais sofisticado e não se esqueça das balinhas de hortelã (e da maquiagem, se for o caso). Vista-se em camadas e leve um paletó ou wrap versátil que possa ir do confortável ao chique em minutos. Lembre-se: carregue bolsas e malas que reflitam a sua marca: elas são a baia do escritório em versão para viagem.

A seguir estão algumas dicas que vão ajudá-lo a se vestir para impressionar em salas de reunião de algumas capitais dos Estados Unidos e se inspirar para a sua rotina.

Nova York

Preto é a cor padrão nessa capital que se veste com elegância. Faça de tudo para estar na moda com joias, cintos, lenços de bolso, prendedores de gravatas que marcam presença e quaisquer outros acessórios ousados. Mantenha os sapatos impecáveis e fique à vontade para carregar um par de sapatos extra nessa cidade em que se anda tanto (que devem ser trocados *fora* do escritório) ou invista pesado em sapatos confortáveis e estilosos. No inverno, todos vão notar a roupa que você usa como camada externa, o que faz de um casaco e uma bolsa (ou pasta) compras importantes. O glamour sofisticado está em toda parte; ostentam-se peças de marcas famosas e assumem-se riscos em termos de moda diariamente.

Boston

Esta cidade histórica é mais conservadora e ainda mais fria do que Nova York. Nela reina o estilo preppy e tradicional. Embora não costume ficar no topo da lista das cidades mais bem-vestidas, continua sendo um centro de compras para a Nova Inglaterra. Devido ao grande número de universidades (e acadêmicos) vemos mais gravatas-borboleta lá do que em qualquer outra grande cidade norte-americana.

Washington, D.C.

A capital dos Estados Unidos é talvez a mais promissora das grandes cidades quando o assunto é vestir-se com estilo, devido ao efeito Obama. Universitários preppy andam lado a lado com lobistas bem-vestidos, mas ainda é possível encontrar trabalhadores de tênis brancos e executivos em trajes discretos e conservadores nas ruas movimentadas da região central. Aviso: funcionários da Câmara e do Senado provavelmente nunca vão parar de se arrumar para ir ao trabalho, e nesses locais muitos ainda pensam que preto é uma cor a ser usada apenas em funerais. O quociente de estilo da cidade está aumentando, mas a política sobre o que é apropriado nunca vai mudar. O varejo nessa cidade é resistente à recessão, continua a crescer e há muitos compradores ávidos por novidades.

Miami

Cor, textura e acessórios são bastante aceitos nessa cidade. As mulheres de Miami já exibiam os braços nas salas de reuniões muito antes de Michelle Obama ter popularizado o estilo, e os homens de lá usam camisas sociais cor-de-rosa e lavanda há mais tempo do que em qualquer outra cidade norte-americana. A influência internacional exige peças básicas e chiques em vez das calças cáqui de sempre, e maquiagem e joias são consideradas obrigatórias em vez de opcionais. O estilo e o charme latinos, bem como a exibição de atributos físicos, são admirados.

Chicago

Cidade elegante e colorida que lançou vários ícones da moda atuais (Oprah, Michelle Obama e Tina Fey, só para citar algumas), apresenta um estilo mais conservador e simples do que Nova York, e é mais despreocupada em relação à moda. Peças de luxo abundam na cidade dos ventos, e o jeans é bastante usado em visuais sofisticados. O casamento dos estilos sofisticado e barato fica evidente ao andar pela Michigan Avenue.

St. Louis

A cidade tende a não correr riscos, usando clássicos dos Estados Unidos como calças cáqui, colarinhos americanos, blazers, saias lápis de algodão e vestidos estampados que funcionam bem numa cultura predominantemente casual corporativa. Contudo, St. Louis também tem um estilo eclético e uma quantidade cada vez maior de fashionistas está levando a alta-costura para as massas.

Dallas

Nessa joia do sul dos Estados Unidos, muitos funcionários de empresas da lista das quinhentas maiores da revista *Fortune* usam o clima como bússola e vestem-se no estilo casual corporativo. Estilo é o foco de Dallas, e o visual caubói se mantém longe graças a diversidade de estilos. Se quiser encontrar executivos de petróleo e gás que adotem códigos de vestimenta mais chiques no escritório, vá para Houston.

São Francisco

Essa cidade é definida pela elegância discreta e luxo descontraído. Os negócios são feitos com uma confiança que se sobrepõe a um código de vestimenta formal e até salas de reunião mais experientes podem nunca ter visto um terno. Bem-cuidados e estilosos, os moradores de São Francisco adotam um estilo natural baseado num conceito próprio e evoluído de adequação.

Vale do Silício

Nessa capital da alta tecnologia, o código de vestimenta é radicalmente diferente do que na vizinha São Francisco. Numa área significativamente mais jovem devido ao grande número de startups que atraem o público abaixo dos trinta anos, o admirável estilo dos trajes aceitáveis no trabalho é mais casual do que em qualquer outra região do país. Os técnicos multimilionários de lá podem usar moletons com capuz e jeans largos e até os investidores às vezes se vestem de modo mais casual (mas não subestime o poder financeiro deles).

Sul da Califórnia

Hollywood inspira o estilo "tudo é possível" quando se trata de moda. Em Los Angeles se usam botas Ugg com minissaias e as tendências são interpretadas de um jeito bem singular. O que acontece nas passarelas também pode ser visto imediatamente nas ruas. O sul da Califórnia é uma mistura de estilos fashion, unindo a alta-costura de Nova York ao corpo à mostra de Miami para criar uma versão particular de estilo.

Seattle

Sede da Nordstrom, Starbucks e Microsoft, Seattle oferece uma dose de estilo elegante e voltado para ambientes externos. É uma mistura de executivos de tecnologia ricos e descontraídos andando de bicicleta com designers, compradores e estilistas ousados em termos de moda que transformam o ato de carregar um copo de café em algo chique por estarem vestindo a última moda em roupas para chuva.

Códigos de vestimenta internacionais

Quando viajar a negócios para o exterior, é importante saber se você vai se vestir adequadamente quando chegar ao destino. As grandes cidades pelo mundo seguem códigos de vestimenta diferentes dos Estados Unidos. Na verdade, os norte-americanos costumam se destacar por vestirem roupas muito casuais. Na dúvida, vista-se em camadas para transformar instantaneamente o visual de sofisticado para casual. As moças ficarão estilosas

Decifrando o código de vestimenta do local de trabalho

usando um vestido preto versátil ou roupas de cores escuras, sapatos com ou sem salto, um colar marcante ou de pérolas clássicas, além de blazer ou wrap. Os homens vão querer estar elegantes e apresentáveis em qualquer cultura. Pense em calças sociais escuras com camisas sociais de mangas compridas (que podem ser arregaçadas), um blazer esporte ou paletó interessante, bem como mocassins ou sapatos elegantes com cadarço para deixar o visual mais sofisticado ou casual. Independente de estar visitando a cidade para um encontro de negócios ou se mudando para assumir um novo cargo, reserve um tempo para conhecer a cultura, os costumes e modos adequados de se vestir.

Códigos de vestimenta por área

Cada área profissional define a própria cultura de vestimenta. Os bancários sempre vão se vestir com mais elegância que o pessoal de TI, os que atuam na indústria da moda serão mais ousados que os cientistas, e o estilo de Los Angeles sempre vai ser mais descontraído que o de Nova York. Em cada área e em cada cidade, contudo, é possível escolher o seu caminho em termos de estilo: você está vestido para a área administrativa ou executiva?

Billy era um analista júnior de 25 anos que lutava para ser levado a sério na sala de reuniões. Geralmente solicitado a levar cafezinho para o pessoal mesmo trabalhando na empresa havia três anos, sentia que não estava progredindo tão rápido quanto os colegas. Ele me falou de sua situação durante uma conferência sobre liderança em Boston. Depois de ouvir a sua triste história, minha primeira pergunta foi: "O que você está vestindo agora é o que costuma usar para ir ao trabalho?" Ele disse que sim, olhando com uma certa dose de culpa para as calças cáqui excessivamente curtas, meias pretas e camisa branca amarrotada de colarinho americano. A barba que parecia ter sido feita por um garoto de 16 anos pela primeira vez na vida não ajudava a situação dele.

Não surpreende que se vestir como adolescente leve alguém a ser tratado como um. Recomendei a Billy fazer roupas num alfaiate e a prestar mais atenção nos detalhes. Não é preciso entender de moda para saber quando algo está muito curto, largo ou simplesmente não lhe cai bem. É claro que existem os famosos blogueiros de moda precoces e prodígios, mas a maioria de nós não faz parte desses grupos.

Direito, consultoria e contabilidade

Nessas áreas, espere encontrar um estilo elegante e conservador. Se estiver numa firma grande, a forma de se vestir vai identificar a sua função na pirâmide do poder, então faça com que as pessoas tenham dificuldade para dizer se você é assistente administrativo ou sócio. Calcule o valor que um cliente lhe paga por hora: o seu modo de vestir reflete isso? Não cometa o erro de se vestir com peças baratas quando o seu tempo custa caro. Se você for autônomo, pode visitar clientes em ambientes mais casuais, como a casa deles. Nesse caso, aplicam-se os mesmos padrões gerais de adequação, mas use as roupas como ferramenta para estimular cordialidade e amizade.

Wall Street e finanças

Embora as pessoas que atuam na área financeira costumem vestir roupas elegantes e formais, você vai encontrar mais toques pessoais nessa área do que em qualquer outra. O estilo de Wall Street geralmente envolve colarinhos contrastantes, lenços de bolso e abotoaduras para homens, enquanto as mulheres vestem-se para impressionar em terninhos poderosos de ótimo caimento. Há menos mulheres que homens trabalhando nessa área e elas tendem a abraçar uma feminilidade que brilha numa indústria dominada pelos homens.

Moda, design e música

As indústrias criativas permitem que o lado esquerdo do cérebro floresça no local de trabalho. Espere encontrar uma mistura entre a última moda, visuais ousados e hipsters com a alta-costura clássica. A expressão e o bom gosto individuais são importantes. Raramente um terno tradicional costuma aparecer nesses locais de trabalho, embora as salas de reunião estejam cheias deles. O preto geralmente é a cor predileta, e roupas que imitam as últimas tendências das passarelas são a norma. As tendências se unem às modinhas e a moda sofisticada se mistura com a simples.

Relações públicas, marketing e publicidade

Essas áreas representam cenários corporativos para gente criativa. Os ternos até aparecem, mas não se surpreenda se o estilo desses profissionais for tira-

Decifrando o código de vestimenta do local de trabalho

do das passarelas: blazers usados com shorts e salto andam lado a lado com blazers esporte de linho, lenços de bolso coloridos e calças brancas no verão. Aliás, as roupas coloridas são aceitas o ano inteiro. Ao se reunir com clientes ou acompanhá-los, os veteranos do setor se vestem de modo profissional, deixando claro o apreço pela moda e pela diversão.

Mídia e mercado editorial

Os jornalistas têm um código de vestimenta único. Quem atua na frente das câmeras deve ter um estilo que venda e que destaque os pontos fortes. Já os que trabalham em redações dificilmente vão entrar num escritório formal. Essa é uma área com diretrizes rígidas em relação a cores, caimento e estilo para quem está diante dos holofotes e aceitação total das idiossincrasias para os talentos que trabalham nos bastidores. Os horários bizarros de trabalho fazem com que o código de vestimenta seja flexível. Os executivos de redes de televisão, editoras e empresas relacionadas mantêm um padrão estiloso de se vestir que vai do casual ao formal corporativo.

Vendas e mercado imobiliário

Na rua, você é a verdadeira representação visual da sua marca. A bolsa, sacola ou pasta e talvez o carro constituem a sua "baia", então compre-os tendo isso em mente. Pense que você vai ficar na rua praticamente o dia inteiro carregando notebook, cartões de visita, canetas e celular. O que você veste chama ainda mais atenção na ausência de um escritório físico e de uma equipe de funcionários. Seus clientes provavelmente vão se vestir de todas as formas possíveis, dependendo da profissão e do estilo de vida, mas você deve seguir um código de vestimenta corporativo ou casual corporativo de modo a manter uma aparência profissional.

Tecnologia

O ambiente de trabalho das empresas de tecnologia é o mais casual, repleto de roupas de universitários e moletons com capuz preferidos pela geração mais jovem e de calças cáqui amarrotadas e usadas com tênis, queridinhas dos mais velhos. Contudo, até nessa área as reuniões com investidores ou funcionários do governo exigem elegância ao se vestir. E, é claro, se você fizer parte de um departamento "casual", siga o código de vestimenta e não se destaque pelas roupas de caimento ruim ou descuidadas demais.

Área científica, acadêmica e de pesquisa

Costumam ser descontraídos e adotar trajes casuais. Embora colarinhos americanos, gravatas-borboleta e gravatas de tricô para homens e vestidos com saltos para mulheres sejam considerados "elegantes", não seja desleixado e nem use peças que não combinem. Manter uma rotina de cuidados pessoais e ter noções básicas de moda vai lhe servir bem para avançar na carreira. Os professores de ensino fundamental, médio ou superior são um grupo mais bem-vestido e tendem a mostrar consciência de que a aparência bem-cuidada e renovada, somada a outros sinais não verbais, pode ajudá-los a influenciar futuros líderes.

Governo, política e organizações sem fins lucrativos

Como esses setores tendem a ser mais arrumadinhos, ser cauteloso é sempre a melhor opção, vestindo-se de modo mais elegante em vez do casual. Mesmo quando o casual corporativo for uma opção, os profissionais dessas áreas costumam andar mais arrumados. Nunca se sabe quando você vai ficar sem financiamento ou mandato. Quando se está a mercê dos que o elegeram, é preciso demonstrar um nível de respeito por meio do código de vestimenta além de manter o ar de autoridade, claro.

Outras áreas

Em certos ambientes de trabalho o uso de uniforme é obrigatório. Se você estiver na área médica, farmacêutica, na indústria alimentícia, de transporte, manutenção da ordem pública ou hotelaria, siga os respectivos códigos de vestimenta, use uniforme e lembre-se de manter uma imagem adequada. Clientes, pacientes e hóspedes julgam o profissionalismo dos líderes da área com base na apresentação de seus funcionários. Espera-se que o traje profissional esteja de acordo com a qualidade do serviço. Manter a aparência bem-cuidada como um todo é fundamental, especialmente quando estiver de uniforme ou obedecendo a um código de vestimenta específico. Orgulhar-se da aparência é importante quando você é um técnico de radiologia vestindo roupas de hospital ou integrante da guarda de honra usando o uniforme completo de luxo da polícia. O uniforme ajuda as pessoas a confiar e acreditar em você em momentos de estresse ou medo.

Considerações finais

Capriche no seu estilo de roupas profissionais. Você usa esse tipo de roupa cinco vezes por semana, então aproveite. Evite ao máximo causar inveja (embora exista quem sinta inveja até de quem chega para trabalhar vestindo um saco de lixo). Seja verdadeiro, mas saiba que sempre será julgado pela aparência profissional. Este julgamento pode ser irrelevante, mas nunca se sabe. Fuja de roupas que lhe deixariam constrangido caso fosse flagrado por uma câmera, mas não se vista melhor que o seu chefe o tempo todo.

Use essas diretrizes de código de vestimenta para identificar as normas adotadas no seu local de trabalho e siga todas elas rigorosamente. Entender os códigos de vestimenta e obedecê-los é outra forma de mostrar respeito, inteligência e que você está empenhado em ser um bom profissional. Assim como você sabe quando é culturalmente relevante tirar os sapatos na casa de alguém, entender como as coisas funcionam no seu ambiente de trabalho pode lhe ajudar. Respeite e você será respeitado.

7

IDENTIFIQUE O CAIMENTO PERFEITO PARA VOCÊ

O caimento é um aspecto fundamental no ato de se vestir para impressionar. Uma roupa grande demais é sinal de desleixo, como se você estivesse usando o blazer do seu pai. Se a roupa for muito apertada, pode ser excessivamente reveladora ou um sinal de que a pessoa não tem muito bom senso ao se vestir. Independente do caso, esses estilos não lhe favorecem e certamente não são atraentes para os colegas de trabalho, gerentes e possíveis empregadores. A imagem adequada começa com roupas que lhe caem bem.

A primeira medida que tomo ao conhecer meus clientes é examinar as roupas que usam para ir ao trabalho. O interessante é que elas geralmente estão jogadas no armário em sinal de que as mesmas peças são usadas repetidamente. Sabe aquela calça preta que você usa três vezes na semana? As pessoas se atêm ao que é confortável e ao que sabem (ou acham) que lhes cai bem. Quando se trata de estilo, temos hábitos arraigados.

Talvez seja surpreendente, mas muitos não sabem o próprio manequim. Essas pessoas vestem o tamanho que gostariam de ter ou apenas usam o que estiver disponível. O ato de se vestir, seja na loja ou no próprio armário, é uma experiência emocional. Pelas roupas as pessoas exploram o que já foram (estrela da moda no ensino médio), o que desejam no momento (perder cinco quilos) e como querem estar no futuro (alinhadas e elegantes). Gosto de ajudar as pessoas a entender o tipo de corpo que têm e faço de tudo para impedir que procurem liquidações nas lojas erradas. A pechincha ideal está no seu guarda-roupa, onde tudo já está pago (ou espera-se que esteja).

Sem a orientação adequada, as pessoas podem acabar comprando em lojas que vendem roupas inadequadas ao seu biotipo. Tentar encaixar uma peça quadrada num buraco redondo só causa frustração. É importante identificar o seu biotipo para adquirir as roupas que lhe caem melhor. Também é importante ter em mente que roupas do mesmo número de manequim podem variar de tamanho, dependendo do varejista. Você pode ficar mais magro apenas andando de uma loja para outra!

Não é porque o zíper fechou que a roupa serviu

"Caimento" é uma palavra importante a se definir e esclarecer. Só porque o botão ou zíper fechou em alguma peça não significa que ela lhe caiu bem. Eu estava ajudando a minha cliente Beth a se vestir para uma cerimônia de posse em Washington, quando ela me chamou para fechar o zíper do vestido. Fiquei espantada por ela conseguir respirar. Ela (mal) conseguia fechar o vestido, mas ganhou um "decote" nas costas e as gordurinhas das axilas estavam pulando para fora da roupa. Obviamente aquela não era uma combinação bem-sucedida, especialmente quando há políticos e paparazzi no recinto. O vestido de Beth estava tão apertado que quando ela se sentava algumas dobrinhas da barriga ficavam marcadas. Eu não gostaria de ser a responsável por uma aparência como aquela, ainda mais numa noite tão importante. É incrível como as mulheres às vezes deixam a dor e o desconforto de lado em nome de uma suposta beleza. Por sorte, eu tinha em mãos o mesmo vestido em um número maior. Ela ficou (e se sentiu) incrível usando o modelo um pouco maior, que suavizou as costas, deixou os ombros retos e a barriga mais chapada. Beth é a prova do velho mantra da moda: não é porque o zíper fechou que a roupa serviu.

No provador, eu não deixo os clientes se apegarem a números, sejam de manequim ou preço. Antes de entrar nesses detalhes, procuro saber se eles realmente gostaram do que viram no espelho. Se eles estiverem ótimos e se sentirem assim, o tamanho será algo secundário. Contudo, fazer compras é uma experiência emocional e às vezes o número na etiqueta pode ser uma decepção. Isso também se aplica aos homens! Deixe isso pra lá. Não seja escravo do tamanho do manequim, que pode variar mesmo quando o número na balança se mantém constante.

Os varejistas também podem dificultar a descoberta do nosso manequim. Numa loja vestimos 46 e na outra, 42. Podemos usar um tamanho de roupa em cima e outro embaixo, e ter um manequim completamente diferente para vestidos. Junte isso à TPM, menopausa ou até um dia ruim no trabalho e temos a receita para um ataque de fúria nas compras.

As lojas usam celebridades para vender suas marcas, técnicas inteligentes de marketing que nos levam a folhear catálogos ou visitar sites, e talentos especializados em merchandising visual para manter a loja estimulante e convidativa. Tudo isso faz com que seja quase impossível para o simples mortal entender (que dirá acompanhar!) as últimas tendências da moda adequadas ao seu biotipo, faixa etária e tom de pele. Não surpreende que tantas mulheres considerem as compras uma tarefa chata à medida que vão envelhecendo e ficando com a vida mais corrida. Embora existam muitas jovens estilosas que adoram fazer compras, a maioria das mulheres que encontro, entrevisto e com quem trabalho as veem como um mal necessário. Elas até conseguem apreciar o resultado, mas o processo é um caos. Sinceramente, perdi a conta das pessoas que conheço que preferem usar alfinetes na roupa para evitar que caiam só para não terem de ir às compras (tanto homens quanto mulheres), e não é só uma questão de ser mão de vaca.

Lisa veio me procurar porque a filha vivia lhe dizendo que já estava cansada de ver a mãe "bonitinha" usando calças antiquadas e afuniladas. Lisa odeia fazer compras, mas está sempre na loja. Nada lhe serve e mesmo assim ela visita esta loja específica toda semana (só para ver se encontra algo). O ambiente é confortável, a localização é boa e os vendedores, amigáveis. Junte tudo isso ao estilo atraente das roupas e o resultado deveria ser uma combinação vencedora, mas a cada visita ela volta para casa com calças que não lhe caem bem. Infelizmente as roupas vendidas pela loja preferida de Lisa não servem para o biotipo dela.

Uma loja ótima para corpos do tipo maçã ou pera (o tipo maçã tem mais barriga, enquanto a pera tem mais quadril) não vai funcionar para quem tem um tipo de corpo reto, mesmo se as roupas forem adequadas para a idade. Então, a primeira etapa para identificar o caimento perfeito consiste em entender qual é o seu biotipo. O caimento é uma questão de equilíbrio e proporção: a roupa certa pode esconder uma infinidade de pecados. Combine o tipo de corpo ao traje certo e *voilà*: surge uma cintura e some a barriguinha!

A segunda etapa consiste em olhar o espelho (e para dentro de si mesma) para aprender o que deve ser acentuado e o que deve ser disfarçado. Algumas de nós conhecem os próprios pontos fortes, enquanto outras ficam confusas e acabam escondendo o que têm de melhor. Moças, ponham-se na frente de um espelho de corpo inteiro. (Se você não tiver um, marque esta página, e vá comprar um agora!) Então, encontre a cintura: levante a blusa e procure a curvatura nos lados, acima dos quadris. Se houver uma reentrância ali, então você tem algo que precisa ser mostrado, independente do manequim. Rapazes, agora é a vez de vocês: há um físico esbelto e atlético escondido embaixo de várias camadas de roupas largas? Comece a comprar camisas slim-fit e calças sem pregas.

Identifique o caimento perfeito para você

A terceira etapa diz respeito a comprar para o corpo que você tem em vez de para o que gostaria de ter. Comprar roupas para usar depois não ajuda a maioria das pessoas a perder peso. No entanto, ficar bem no tamanho correto para o seu corpo pode ser um incentivo a não pegar aquele donut extra na reunião do trabalho.

Mulheres

Descobrir o seu manequim correto é um exercício de ciência e criatividade. Você deve ganhar fluência na terminologia dos varejistas e ao mesmo tempo precisa entender o seu corpo e a infinidade de formas assumidas por ele ao longo do tempo. Agora vamos analisar os tamanhos especiais, biotipos, como se vestir durante a gravidez, e superar desafios físicos.

Tamanhos especiais

Praticamente todas as mulheres vivenciam alterações no corpo. Em vez de adaptar os sapatos com o comprimento das calças, adapte-as para funcionar com os seus sapatos favoritos. Familiarizar-se com os termos usados pelos varejistas norte-americanos pode ajudá-lo a fazer compras mais inteligentes.[1]

Short/Ankle/Petite

O termo "petite" é usado para se referir a roupas voltadas para mulheres com menos de 1,63m de altura, mas muitos varejistas dizem que as calças são "ankle pants" (na altura do tornozelo) ou "short" (curtas), colocando a letra A ou S na etiqueta. Este método é um bom identificador não só para as baixinhas como para as mais altas que podem ter pernas mais curtas ou apenas estarem em busca de um comprimento diferente de calça. Estes termos costumam ser utilizados em peças fabricadas para mulheres cujas pernas têm 76cm de comprimento ou menos. Por exemplo, um dos meus truques favoritos consiste em fazer uma cliente de 1,68m com perna mais curta experimentar uma calça "petite" na altura do tornozelo: o caimento geralmente é perfeito. Da mesma forma, quando você se vestir para os dias

---

[1] No Brasil, não há um segmento muito forte em relação a roupas de tamanhos especiais. [N. da E.]

casuais no escritório, pense em algumas das marcas de jeans premium que fornecem caimentos petite com 76cm de comprimento de perna, ótimos para mulheres mais altas e de pernas mais curtas e tronco mais comprido. Adoro as lavagens escuras das marcas 7 for All Mankind, Joe's Jeans, Citizens of Humanity, Paige e Not Your Daughter's Jeans.

Já as mulheres que têm pelo menos 1,55m de altura e usam até o tamanho 40, que geralmente comprariam tanto blusas quanto calças na seção petite, também devem pensar em marcas contemporâneas como Nanette Lepore, Milly e Trina Turk, pois algumas são feitas para este biotipo, bastando apenas alterar a bainha. As mulheres de 1,55m para baixo provavelmente vão ter que comprar em seções petites tanto em comprimento quanto em proporção. As baixinhas devem ficar longe de calças com bainhas dobradas, que sempre dão a impressão de que as pernas são mais curtas. Prepare-se para alterar o comprimento das mangas, embora as do tipo três-quartos também possam cair bem sem precisar de ajustes.

Tall/Long

Uma mulher cujas pernas tenham entre 86 e 97cm de comprimento é considerada "tall" (alta). As mulheres de 1,75m (ou 1,72m com pernas compridas) em diante começam a achar a perna da calça curta demais se não conseguirem encontrar um bom modelo na seção de tamanho "long" (comprido). Com essa altura você vai precisar deste tamanho especial ou terá que desfazer as bainhas para chegar ao comprimento adequado. Encontre as lojas que fazem esse trabalho em calças estilo long, tendo em mente que muitos o fazem exclusivamente pela internet, como Banana Republic, Gap, Ann Taylor, J.Crew, Talbots, New York and Company, Express e Long Tall Sally.

As mulheres que vestem até o tamanho 40 (ou até 42 em algumas lojas) também devem pensar em marcas contemporâneas como Theory e Elie Tahari, bem como a mais ousada Lafayette 148. Elas geralmente têm corte de passarela, o que significa mangas, calças, saias e bainhas dos vestidos extremamente compridos. Se as mangas forem muito curtas, mas o resto do traje cair bem, pense em alterar as mangas para o tipo três-quartos ou dobrá-las se tiverem um forro interessante ou abertura no punho. Nunca use roupas que não lhe caiam bem, ou você vai chamar ainda mais a atenção para elas.

A qualidade mais importante que uma pessoa alta pode ter quando se trata de moda é confiança. Não curve os ombros tentando disfarçar sua altura.

Identifique o caimento perfeito para você

139

É verdade que na maioria das áreas profissionais os saltos altíssimos devem ser evitados (afinal, você não quer intimidar ninguém), mas não procure automaticamente os modelos sem salto. Siga o exemplo da primeira-dama Michelle Obama: mesmo tendo 1,80m de altura, ela costuma usar saltos sabrina (entre 2,5 e cinco centímetros).

Plus

Os tamanhos desta seção começam no 14W (44 nas medidas brasileiras) e podem ir até o 18W (54). Embora os tamanhos 42, 44 e 46 desta linha costumem equivaler aos comuns, quando os números vêm acompanhados de um W, significam que têm uma forma distinta. O "plus size" definido pelos varejistas é medido em dois parâmetros: os modelos 14-18 (44-48 no Brasil) com a letra W são diferentes dos comuns porque têm um corte mais generoso nos quadris e nádegas em vez de apenas na barriga. Qualquer tamanho maior que 54 é fabricado dessa mesma forma.

Biotipos

Entender o seu biotipo vai ajudá-la a comprar as peças com o caimento certo. O caimento perfeito é uma questão de criar simetria e equilíbrio. Com a forma de ampulheta ou violão, a mulher do tipo "curvilíneo" é equilibrada na parte inferior e superior, tendo uma cintura bem definida no meio. A maioria de nós não nasceu assim, mas é fácil criar ilusões. Embora existam diversos biotipos, os cinco listados a seguir são os mais comuns. Você pode se encaixar em qualquer uma das categorias gerais discutidas anteriormente ou em qualquer outro tamanho específico e ainda assim ter um dos tipos de corpo a seguir:

Curvilíneo

A tradicional "ampulheta" se caracteriza pela cintura fina, com busto e quadris com tamanhos parecidos. O grande desafio para estas mulheres é esconder as curvas e conseguir o caimento adequado na cintura.

Como vestir um corpo curvilíneo para o trabalho: A mulher que tem curvas geralmente precisa minimizar ou disfarçar seus pontos fortes no escritório. Fique longe das peças que destacam o busto e os quadris e prefira as que equilibram a forma. Mas não esconda o seu corpo em cortes quadrados:

os estilos mais justos ainda caem bem, desde que sejam justos nos lugares certos. Os vestidos podem ser a sua marca registrada e uma terceira peça na cintura dará um toque conservador a uma forma sexy.

Reto

Este formato se assemelha a um retângulo (o famoso "corpo de menino"). O principal desafio para a mulher reta é criar curvas onde elas não existem. Contudo, muitas marcas têm cortes para este tipo de corpo por ele ser o de muitas modelos de prova (o tipo de modelo que os estilistas e criadores de estampas usam para fazer as roupas de mulheres "reais" em vez das modelos de passarela cada vez mais magras).

Como vestir um corpo reto para o trabalho: A mulher com este tipo de corpo precisa ter atenção redobrada, usando sempre o tamanho perfeito e peças que preencham os lugares certos para as roupas não parecerem grandes ou pequenas demais. Por terem menos curvas, mulheres com esta silhueta podem fazer ótimo uso de acessórios como cintos e joias para definir a forma. Ao contrário da maioria dos outros biotipos, quem tem poucas curvas pode se aproveitar de detalhes como texturas, enfeites, bolsos interessantes e listras.

Pera

Este formato caracteriza-se pelos quadris que aparentam ser mais largos que os ombros; a parte superior do corpo é menor que a inferior.

Como vestir um corpo em forma de pera para o trabalho: A mulher com este formato sempre deve usar roupas que minimizem a parte inferior do corpo. Usar cores uniformes nesta região e escolher calças mais largas (modelos pantalona, trouser ou wide-leg) são estratégias eficazes para ajudar a equilibrar a silhueta. Vista blazers estruturados (mangas bufantes também funcionam bem), que chamam a atenção para os ombros, assim como materiais mais espessos que acrescentem substância à parte inferior do corpo.

Maçã

Mulheres com este formato concentram o peso na barriga e região central do corpo, além de terem braços e pernas mais magros. O maior desafio para

Identifique o caimento perfeito para você

o corpo do tipo maçã consiste em equilibrar a silhueta e minimizar a atenção para a área da barriga.

Como vestir um corpo em forma de maçã para o trabalho: Quem tem este tipo de corpo deve evitar os blazers que terminem perto da barriga, optando pelos estilos mais compridos. Calças skinny com blusas sem mangas ou bem compridas podem alongar o tronco. A maioria das mulheres que tem corpo do tipo maçã gosta de exibir as pernas magras, porém deve também disfarçar a região central e acentuar o busto.

Triângulo invertido

É um visual bastante atlético, caracterizado pelos ombros mais largos e quadris mais estreitos. O grande desafio para alguém com este tipo de corpo é combater o visual pesado na parte de cima.

Como vestir um corpo em forma de triângulo invertido para o trabalho: As mulheres com este formato devem ficar longe de qualquer peça mais larga em cima, pois vai acentuar o tamanho da região. Elas devem equilibrar a silhueta com blusas mais justas ou adicionar curvas usando calças de pernas mais largas. Ao contrário de muitos outros tipos de corpo, o triângulo invertido pode valer-se dos bolsos nas calças, das pregas elegantes e dos punhos para acentuar a forma. Paletós ou vestidos que criem a ilusão de quadris maiores também farão maravilhas para deixar o corpo mais proporcional.

Outros termos relacionados ao caimento

Cintura curta: É o visual ou sensação de que a cintura está mais perto do busto do que dos quadris. Oficialmente, a medida da axila até a cintura é menor do que a da cintura até a parte inferior das nádegas. Quando você se veste, talvez tenha a sensação de ter a parte de cima mais curta e as suas pernas, longas. Crie a ilusão de cintura um pouco mais baixa usando blusas, paletós ou vestidos que chamem a atenção para esta área.

Cintura longa: A maioria das pessoas descobre que tem a cintura longa quando compra roupas de banho. Você pode pensar que as blusas nunca são compridas o bastante, especialmente com calças estilo skinny. Aqui a medida da axila até a cintura é maior que a da cintura até a parte inferior das nádegas. Isto pode dar a sensação de pernas curtas, mesmo se você for alta. As soluções neste caso são parecidas com as do formato de pera: usar cores uniformes e escuras na parte inferior do corpo ajudará a acrescentar comprimento e consequentemente a equilibrar a silhueta.

Você pode ter cintura curta ou longa, independente da altura ou do biotipo.

Gravidez e pós-gravidez no escritório

Muitas mulheres fazem um esforço descomunal para manter uma aparência profissional durante a gravidez. Algumas podem dar sinais de barriguinha antes de estarem prontas para dar a notícia aos colegas ou chefes, enquanto outras preferem não investir muito em roupas que vão usar por apenas alguns meses. (Muitas mães de primeira viagem se surpreendem com a versatilidade do guarda-roupa dedicado à maternidade, tanto antes quanto depois do bebê.) É importante aprender a disfarçar e mostrar a barriguinha de modo adequado no trabalho e evitar se vestir de uma forma que atraia atenção indesejada.

Em algumas mulheres a barriga começa a ficar visível em 12 semanas (ou menos), enquanto outras podem continuam a usar suas roupas comuns até a 17ª semana. A primeira etapa consiste em definir sua estratégia: esconder ou revelar a barriga? Talvez a princípio o melhor seja esconder: muitas das minhas clientes esperam até o segundo trimestre (se possível) antes de avisar a gerência sobre a futura licença-maternidade. Enquanto estiver nesta fase intermediária (em que ainda não exibe a gravidez), a melhor estratégia é usar roupas monocromáticas no tamanho adequado. Você pode até achar peças no seu armário em tecidos que esticam para usar durante a gravidez. Blusas compridas e larguinhas com uma terceira peça adequada, além de acessórios selecionados (pashminas, echarpes ou xales e colares longos funcionam bem) vão ajudar a distrair a atenção de quem a vê. No começo você pode querer comprar um tamanho maior, mas resista à tentação e invista em roupas para grávidas ou use uma cinta estilo Bella Band para aumentar a vida útil das suas calças. Ao comprar roupas para mães, escolha o tamanho de antes da gravidez. Consulte uma loja ou tabela da marca quando quiser converter para o tamanho europeu ou o pequeno, médio e grande comum. Geralmente você consegue comprar calças para grávidas e blusas mais compridas nos tamanhos comuns

Identifique o caimento perfeito para você

(qualquer peça com babados vai cair bem). Se as roupas ficarem grandes demais, as pessoas vão começar a pensar que você "relaxou" ou vão perceber que está grávida. Estes modelos são criados especificamente para um corpo que está em mutação e serão muito mais úteis ao longo da gravidez do que as roupas comuns compradas um número acima. Além disso, o seu corpo pós-parto pode assumir uma nova forma (talvez até mais magra), então deixe para comprar um tamanho diferente depois. Se você trabalha num ambiente extremamente casual, porém, pode aumentar a versatilidade usando as peças de fim de semana do seu armário, como vestidos longos no verão e antigos tecidos que esticam e se adaptam ao corpo.

Quando a barriga estiver visível (entre 14 e vinte semanas, dependendo do seu corpo), vista-se de modo a destacá-la. Não tente esconder uma barriga de gravidez óbvia. Não cai bem, vai deixá-la mais gorda e fazer com que as pessoas interpretem suas roupas de modo errado. Se não quer ouvir perguntas sobre gravidez, então deixe bem claro que vai ser mãe. Como as pessoas são intrometidas, não dê margem para a velha pergunta: "Ela engordou ou está grávida?"

Se você tem a silhueta para usar roupas justas enquanto estiver grávida e se sente confiante quanto ao corpo, use vestidos de estilos diversos e divirta-se combinando blusas compridas e calças justas. Mesmo não estando confortável com as mudanças do seu corpo e o eventual ganho de peso associado a elas, você ainda deve se vestir de modo a acentuar a gravidez para evitar a impressão de que apenas ganhou peso. As terceiras peças, especialmente se forem mais compridas, como cardigãs abertos na altura da coxa ou do joelho e paletós do tipo wrap serão ótimos amigos, porque podem ser usados por cima de blusas ou vestidos para esconder o aumento na parte de trás. Destaque a barriguinha em roupas justas e vista o resto do corpo de acordo com o seu nível de conforto.

Alerta de estilo: *As roupas tradicionais de grávida têm cintura imperial. Adote esse estilo se quiser exibir a barriga e esconder todo o resto, mas evite-o se preferir acentuar a silhueta elegante e procure designs modernos que imitem o corte das roupas comuns.*

As peças básicas são importantes, portanto faça questão de atualizar as roupas modeladoras e lingeries (pode ser preciso renovar os sutiãs até três vezes) para manter tudo sob controle e evitar que algo pule para fora da roupa no escritório e para disfarçar as gorduras localizadas. A lista de gafes fashion a serem evitadas nesse período se parece com as que você deve seguir quando não estiver grávida. Não use tecidos reveladores ou transparentes e caso o seu umbigo tenha "estufado" (o que é totalmente normal), use roupas que ajudem a achatá-lo (experimente o protetor Poppers Stoppers da marca Miss Oops).

Não é preciso muitas peças de roupa para manter um estilo profissional e na moda durante a gravidez. Lojas especializadas em roupas para gestantes têm um ótimo estoque de peças básicas, e também terceiras peças divertidas. Invista nas peças que você mais usa: ótimas calças pretas, um vestido preto versátil e blusas compridas o bastante para disfarçar a barriga cada vez maior. Vasculhe o armário em busca de terceiras peças e atualize-as quando necessário, tendo em mente que elas também servirão para o guarda-roupa pós-parto. As roupas de tricô funcionam melhor do que peças estruturadas à medida que o seu peso muda, o que faz delas uma boa opção. Neste momento você pode comprar um tamanho maior, dependendo de onde você engordou. Para manter o guarda-roupa novo e estiloso, troque as joias e sapatos com frequência e use sempre cores escuras. Divirta-se aumentando a coleção, mas tenha em mente que pode ser preciso comprar sapatos um pouco maiores para acomodar os pés doloridos, inchados ou que aumentam de tamanho, algo comum durante a gravidez.

Após o parto, vestir-se também pode ser um desafio se você estiver amamentando ou retirando o leite materno com uma bomba de sucção no trabalho. Algumas mulheres correm para casa (ou para a creche no andar de baixo) para amamentar, enquanto outras fecham a porta do escritório ou tentam encontrar um lugar com privacidade a fim de retirar o leite. De qualquer modo você vai precisar abastecer o armário com roupas e acessórios para amamentação que sejam fáceis de vestir e adequados ao escritório. Blusas com botões na frente, golas canoa, blusas compridas específicas para amamentação e vestidos fáceis de lidar (como chemisiers e vestidos envelope) serão ótimas escolhas nesta época. Tenha sempre à mão alguns protetores para os seios de modo a prevenir manchas indesejadas na roupa. Uma pashmina ou xale vai funcionar bem para cobri-la e aquecê-la enquanto você retira o leite nos meses mais frios, sem deixar o estilo de lado no trabalho.

Alerta de estilo: *A roupa modeladora Nursing Tank da marca Yummie Tummie é a minha favorita. Estiloso e fácil de usar, este modelo específico para a amamentação deixa você mais magra no período logo após o parto.*

Como se vestir do diagnóstico até a recuperação

Gerenciar o estilo após uma doença, lesão ou problema médico que mudou a vida de alguém é um assunto delicado e gosto muito de ajudar as pessoas a superarem as limitações que acreditam ter. Trabalhei com homens e mulheres durante cirurgias reparadoras de câncer de mama, amputações de membros, cegueira, cirurgias de redução de estômago, bem como perdas de peso significativas.

Problemas de saúde, lesões debilitantes e desafios físicos

Há uma grande escassez de livros com conselhos de moda para deficientes nas livrarias. Nos Estados Unidos, nossas tropas estão voltando do exterior e vários militares estão enfrentando o obstáculo adicional de terem sofrido uma lesão debilitante enquanto serviam ao país. Ensino os clientes cegos a organizarem suas roupas e fazerem compras sozinhos. Vários deles eram até mais estilosos do que meus clientes que não têm problemas de visão. Homens e mulheres vivenciando perda de peso radical e passando por cirurgia bariátrica também são cada vez mais comuns. Já fui chamada tanto por hospitais quanto por pacientes em busca de dicas para manter a sanidade e o orçamento à medida que diminuem o manequim das roupas.

Cada uma destas experiências de vida apresenta um conjunto de desafios semelhante para indivíduos que navegam pelo mundo das roupas profissionais. Reaprender a se vestir com confiança e a se ver como uma pessoa cheia de estilo é uma questão de redefinir os padrões de beleza. Até a menor mudança pode alterar a sua vida inteira. Criar um armário com marcas táteis e rótulos em braile ou encontrar uma costureira capaz de fazer alterações para clientes que estão trocando o uniforme pelos trajes civis depois de perder um membro vai ajudá-los a manter a autonomia. Embora cada cliente tenha um método específico para se vestir e exija considerações distintas sobre o que incluir no guarda-roupa, poder orientá-los vem sendo um verdadeiro privilégio para mim.

Alerta de estilo: *É possível fazer dois ajustes simples que funcionam para uma série de problemas de saúde: é mais fácil colocar roupas que tenham velcros no lugar de botões ou zíperes, e forros deixam o toque mais suave para quem tem pele sensível. Estas mudanças permitem que a pessoa mantenha o estilo durante um período que pode ser bastante difícil.*

Câncer de mama

A cirurgia de reconstrução de mama é um dos procedimentos médicos mais comuns entre minhas clientes. Várias mulheres continuam a trabalhar ou a ficar sob os holofotes durante este tratamento severo, que geralmente leva 12 meses. Desenvolvi técnicas para que mulheres tenham autonomia para se vestir, afastando as mentes curiosas enquanto ainda estão lidando com o diagnóstico.

Eu me lembro de quando uma das minhas melhores amigas, Danielle, contou que tinha sido diagnosticada com câncer de mama. Eu tinha acabado de ter o meu filho e estava com os hormônios totalmente desregulados. Quando fui visitá-la, ela desabou em lágrimas ao segurar meu filho. Tive uma premonição e adivinhei na hora que ela devia estar doente. Danielle já tinha enfrentado o câncer em outras duas ocasiões, mas desta vez era bem mais grave e o tempo parecia mais precioso. Apesar de nossas lágrimas, comecei a rir e disse: "Está aí algo em que posso te ajudar! Precisamos ir às compras!" Antes eu tinha feito o papel de amiga que dá apoio e está presente mesmo sem saber ao certo como ajudar. Dar consultoria sobre perucas e escolha de chapéus era o máximo de assistência em termos de moda que eu poderia fornecer. Nesta terceira batalha de Danielle contra o câncer, contudo, eu sabia que poderia fazer algo a mais para ajudar. Ela tinha optado pela mastectomia dupla e cirurgia para reconstruir as mamas. Sabia que ela teria um ano difícil pela frente, eu já

Identifique o caimento perfeito para você

tinha passado por esse processo com outras clientes incontáveis vezes. Eu me ofereci para ajudá-la a continuar se sentindo feminina e linda durante um procedimento que tinha a possibilidade de alterar a sua autoimagem de modo negativo para sempre.

Sobreviver ao câncer de mama, como superar várias adversidades na vida, é uma questão de viver um dia de cada vez. As clientes com quem trabalho acreditam na recuperação e optam por não se esconder ao encarar este imenso desafio. Porém, muitas são pessoas discretas e não querem colegas de trabalho, eleitores, fãs, paparazzi e a mídia envolvidos no trauma diário de ser paciente de câncer. Pela minha experiência, o câncer de mama é um pouco diferente dos outros tipos de câncer (não que seja melhor ou pior). Além de afetar a saúde física, atinge diretamente o bem-estar emocional e a autoestima das pacientes, mudando a forma pela qual a mulher se vê. O câncer de mama e a decisão de retirar e reconstruir os seios pode levar a questionamentos sobre a feminilidade. Meu papel é fazer o melhor para afastar este sentimento e manter a cliente vestida de modo adequado e com estilo para não deixar dúvida que ela continua sendo uma mulher por inteiro.

Trabalhei com mulheres que escolheram fazer a mastectomia simples ou lumpectomia e precisaram de sutiãs com prótese. A chave aqui é entender o conceito de equilíbrio e usar roupas que não destaquem o tórax nem atraiam atenção indesejada para o busto de modo a evitar que olhares curiosos possam notar diferenças sutis de tamanho ou forma. Outras mulheres optaram pela mastectomia dupla seguida pela cirurgia para reconstrução de mama. Se elas querem disfarçar o resultado e desviar a atenção do tórax para o rosto, apliques ou perucas com o cabelo chegando aos seios ou um pouco mais longos vão ajudar. Se a mulher opta pela cirurgia reconstrutiva imediata ou está usando expansores de pele enquanto se prepara para a cirurgia, o cabelo comprido é uma ferramenta incrível para disfarçar o tamanho dos seios. Dê às pessoas uma juba incrível e elas vão parar de olhar para outros lugares. Muitas mulheres que usam expansores não conseguem levantar os braços para se vestir por um bom tempo, por isso ajudei minhas clientes a encontrar as melhores opções de roupas que conseguissem vestir tendo essa limitação. Na verdade, muitos dos truques que uso com minhas clientes grávidas podem ser repetidos para as que têm câncer de mama. Direcionar o olhar da plateia é importante: ninguém gosta de ser analisada dos pés à cabeça antes de estar preparada para isso.

Alerta de estilo: *A varejista Nordstrom, que tem um serviço de atendimento ao cliente humanizado, oferece modelos de sutiã com bolso para próteses em várias lojas nos Estados Unidos.*

Danielle e eu demos o nosso melhor para criar um guarda-roupa atualizado, confortável, cheio de estilo e que não chamasse atenção para o busto. Após a cirurgia ela precisava de roupas largas o bastante para acomodar tubos e drenos. Quando voltou a trabalhar, combinações e vestidos fáceis de colocar eram fundamentais para uma recuperação mais confortável. Usamos terceiras peças de cores adequadas de modo que ninguém percebesse quando o busto mudasse de tamanho. As combinações também foram úteis depois das cirurgias, quando o novo busto fez com que ela não precisasse usar sutiã. Muitas mulheres ficam desconfortáveis ao usar sutiã quando não precisam depois das mudanças cosméticas e físicas causadas pela cirurgia de reconstrução da mama. As combinações ajudam a ter um visual adequado ao ambiente de trabalho.

Entre lágrimas e risos, nós ganhamos força. Danielle, que antes era uma pessoa que só comprava em liquidação, passou a respeitar a utilidade e a moda em suas escolhas de roupas. Se antes ela desconhecia os truques para parecer mais magra, agora é uma compradora experiente que passou a seguir o lema "compre para o seu tipo de corpo!". Quando aprendeu a se vestir da melhor forma para aquela etapa da vida, fazer compras e gerenciar a imagem feminina ficou menos estressante do que imaginava.

Um ano depois da cirurgia, Danielle e eu fizemos a Caminhada Avon para o Câncer de Mama e fico feliz em dizer que nos divertimos muito usando belas roupas cor-de-rosa para caminhar aqueles sessenta quilômetros!

Alerta de estilo: *Mesmo se você não estiver passando por tratamentos de câncer de mama e quiser apenas apreciar o estilo sofisticado, a Chikara, www.chikaradesign.com, é uma marca singular por ser ao mesmo*

tempo estilosa e funcional. O design mais ousado em termos de moda ajuda a disfarçar a presença de cateteres de longa permanência, cicatrizes entre outros.

Perda de cabelo

Lidar com a perda de cabelo causada por alguma doença enquanto trabalha num escritório pode ser bem traumático. É importante explorar penteados e confiar nas suas decisões. Para quem teve perda de cabelo permanente, talvez devido a alguma doença autoimune, a peruca é a solução mais popular. Se a perda de cabelo for temporária devido à quimioterapia, algumas mulheres escolhem perucas, echarpes para a cabeça ou não temer o cabelo que voltou a crescer meio ralo. Não há estilo certo ou errado neste caso, mas você deve aproveitar a oportunidade para dominar a forma como os outros a veem.

Se você não desejar que ninguém no trabalho saiba o que está acontecendo, uma peruca que imite o seu cabelo (tanto na cor quanto na forma) ajuda a afastar os olhares curiosos (ou pelo menos cala as línguas mais afiadas). No extremo oposto, tive clientes que gostaram tanto de usar perucas que acabaram comprando vários estilos (e cores) para variar. Se uma peruca não funciona para você, tente amarrar uma echarpe na cabeça. Incentivo as clientes a se divertirem assumindo o comando durante este período para que as pessoas não passem a tratá-las com mais cuidado. Já ajudei clientes a combinar echarpes com roupas, escolher tecidos para echarpes customizadas e passei um tempo ensinando como amarrá-las (há uma série de tutoriais para isso no YouTube). Um dos meus estilos prediletos é um coque do lado, usado com brincos marcantes. Nunca é fácil perder o cabelo, mas brinque com os acessórios até encontrar uma versão mais feliz de *você* no espelho: este sorriso vai ajudá-la a se sentir completa de novo.

Homens

Assim como acontece com as mulheres, os homens também precisam conhecer o próprio biotipo para fazer boas compras. Muitos trocam o estilo pelo conforto, e compram sempre as mesmas peças. Aproveite esta oportunidade para avaliar o caimento das suas roupas e ver se as peças que estão no seu armário agora servem para o seu biotipo.

Biotipos

Ao comprar a roupa certa para o seu tipo físico, primeiro fique em pé na frente do espelho e decida com qual biotipo você mais se identifica.

Esguio

Este formato pode ser magro ou "pele e osso". Se você for o tipo mais magricelo, tenha cuidado para não destacar demais o físico esguio. Adicione texturas e cores ao visual e vista-se em camadas para criar um efeito significativo e otimizado.

Atlético

Este tipo de corpo é largo nos ombros e no tórax, mas estreito nos quadris. Fique longe de cortes largos para que possa exibir o seu físico esguio. Homens de corpo atlético devem colocar as camisas por dentro da calça para obter um visual alongado, harmonioso e profissional.

Largo

Este formato pode ser compacto ou alto. É mais corpulento que o corpo atlético. Homens largos concentram o peso na região central do corpo. Usar cores mais escuras na parte de baixo os favorece, calças com pernas mais largas e roupas monocromáticas quando possível, para alongar o tronco. Homens de corpo largo devem colocar a camisa para dentro da calça a fim de disfarçar a barriga e desviar a visão para outras partes do corpo.

Grande e alto

Os que se enquadram nesta categoria devem enfatizar a altura e acentuar os ombros largos. Listras e estampas chamativas vão fazer os homens grandes e altos parecerem ainda maiores, então eles devem se ater a cores uniformes ou sutis, com estampas discretas. Cores mais escuras vão minimizar o tamanho e disfarçar a barriga. Adicionar um blazer ou usar terno ajuda os homens grandes e altos a parecerem mais magros, além de elegantes e refinados.

Outros termos relacionados ao caimento

Os termos que acabamos de definir são usados pelos varejistas para ajudá-lo a comprar. Por outro lado, se você estiver numa das categorias a seguir deve pensar em roupas customizadas ou semicustomizadas.

Short (curto): Se você está sempre dobrando as mangas da camisa porque são compridas demais, leve-a para o alfaiate. Este ajuste simples custa entre 15 a vinte dólares por ano (entre 35 e 47 reais) e vai fazer com que todas as suas camisas pareçam ter sido feitas especialmente para você. Não se esqueça de verificar se o ombro está no lugar certo (leia-se: no seu ombro e não no braço) e se não tem tecido sobrando dos lados. Dependendo do caso, você pode sair da loja com uma camisa que vai precisar apenas de alguns ajustes nas mangas ou descobrir que precisa investir numa camisa totalmente customizada. De qualquer modo, menos é mais: você não precisa ter um monte de camisas, mas todas as que você tiver precisam ter o caimento adequado. Faça o que for preciso para conseguir isso!

As calças masculinas não costumam vir no modelo "short", mas algumas marcas oferecem calças cujas pernas têm 74cm de comprimento. Compre o tamanho adequado quando encontrar ou prepare-se para fazer a bainha.

Tall (comprido): Se a manga da camisa nunca chega aos seus pulsos, talvez você precise de peças customizadas. Pela minha experiência profissional, é mais fácil achar roupas casuais que funcionem para os homens altos do que roupas para o trabalho. A gravata é uma categoria de vestimenta masculina em que há dois tamanhos: padrão e longo. Até a marca de luxo Hermès tem uma seleção estilosa de gravatas compridas, feitas com os mesmos tecidos das versões padrão. Muitos atletas com quem trabalho costumam ter dificuldade para achar roupas elegantes que caiam bem. Acostumar-se às roupas customizadas (tanto para usar em locais fechados quanto em ambientes externos) é o melhor e geralmente a única solução adequada para a sua idade.

Já as calças longas são mais fáceis de achar para trajes corporativos do que casuais porque as bainhas não vêm feitas. Porém, se elas ainda estiverem curtas demais, invista em calças sociais customizadas. Os jeans da 7 for All Mankind são a opção ideal para clientes que preferem os estilos escuros e sofisticados: vão até o comprimento de perna de 91cm e cintura tamanho 52.

Como saber quando uma peça não cai bem

Geralmente os clientes não fazem ideia de que estão usando o tamanho errado até que eu diga. As pessoas não descobrem sozinhas e, a menos que alguma peça esteja apertada ou grande demais, outra pessoa pode não alertá-lo sobre isso. Aprenda a identificar sinais nas seguintes peças básicas de roupa a fim de garantir um caimento perfeito.

Camisas

Quando os botões estão repuxando (isso vale tanto para homens quanto para mulheres), a camisa está apertada demais. Ponto. Isso não é negociável. Para homens, se você estiver usando uma camisa slim-fit e decidiu experimentar o modelo extra-slim-fit, sente-se para verificar os botões, que não podem repuxar quando você estiver de pé. Se um botão estiver assim, já é demais. Além disso, verifique as axilas, ombros e largura da camisa como um todo.

Moças, quando os botões repuxarem muito no peito (ou na barriga), a blusa que você está usando não lhe cai bem. Vai haver momentos em que usar uma blusa de alça por baixo ajuda, mas a diretriz geral é encarar vários botões nesse estado como um sinal de que a peça não tem caimento adequado. Se você tiver busto grande e também barriga, camisas com botões na frente não são a peça mais recomendada. Caso tenha apenas seios grandes, não se contente com uma blusa que não lhe cai bem. Camisas como a The Shirt da Rochelle Behrens, criadas com "tecnologia antirrepuxo" ajudam a lidar com este problema, comum entre tantas mulheres.

Calças

Conselho para ambos os gêneros: se a calça estiver sobrando na cintura, nas coxas ou nas nádegas (e você não estiver usando um modelo wide-leg), então há boa probabilidade de estar grande demais. Ao vestir uma calça social, você consegue pegar o cós, afastá-lo da cintura e cabe um pacote de Post-its? Se a resposta for sim, a calça está grande demais!

Por outro lado, se a calça não abotoa, se você sofre de um caso extremo de pneuzinhos ou sente desconforto na área da cintura o dia inteiro, a sua calça está apertada. Se o tecido estiver muito apertado nas nádegas ou coxas, deixando as marcas da roupa íntima em evidência, este também é um sinal de que está na hora de comprar um tamanho maior.

Alerta de estilo: *Moças, se os bolsos estiverem se destacando nos quadris ou criando volumes desagradáveis, pense em alterar a calça para retirá-los. É um ajuste fácil de fazer para a maioria das costureiras ou alfaiates. Outra opção é procurar calças sem bolsos ou com bolsos que abrem em cima.*

Vestidos e saias

Vestidos e saias adequados para o escritório são feitos para suavizar as suas curvas. Deixe as roupas justas para a noite e qualquer peça larga deve encontrar um novo lar. (Usá-las com um cinto grande apertado aumentará a vida útil destas peças se você estiver trocando de manequim.) O pior que pode acontecer a um vestido ou saia é estar vazio: não deixe uma peça feminina pendurada quando deveria preencher suas curvas. Se for possível segurar um punhado de tecido em volta dos quadris ou da cintura, então a roupa está grande demais. Caso o tecido forme ondulações horizontais de um lado do quadril ao outro, está apertado demais.

Casacos

O problema mais comum que vejo são homens bem-vestidos engolidos por casacos volumosos e antiquados. Olhe-se no espelho. Você poderia usar mais de três blazers e um suéter embaixo do casaco que está usando? Se a resposta for sim, está grande demais. Caso as mangas estejam excessivamente curtas ou você não conseguir fechar o casaco, faça uma doação e ajude outra pessoa a se vestir melhor para impressionar.

Alerta de estilo: *Se você não estiver conseguindo encontrar o caimento certo no que deveria ser o seu tamanho em qualquer categoria de roupa, experimente vários modelos da mesma peça. O controle de qualidade no corte realizado na fábrica nem sempre funciona, levando peças de mesmo número a ter tamanhos diferentes em alguns casos.*

Sapatos

Sim, existem sapatos da moda para quem usa tamanhos incomuns ou tem algum problema físico. Por já ter sofrido várias lesões e ajudado a vestir pessoas que passaram boa parte da vida adulta lutando com dores nos pés, deixo o meu melhor conselho: fique aberto a novas opções.

Fuja do óbvio. Por exemplo, ter pés estreitos ou largos não significa ficar limitado aos sapatos especiais (mesmo se já estiver usando estes modelos há anos). Experimente novas marcas e estilos. Os médicos podem recomendar suporte para o arco do pé a quem tem fascite plantar, mas ajudei muitas pessoas a encontrar o alívio em sapatilhas, o oposto da receita. Como as roupas, alguns sapatos ficam grandes; outros, apertados, e nem todos os tamanhos são iguais (especialmente quando se comparam os números de sapatos europeus e norte-americanos). Os sapatos ortopédicos e de linha comfort nem sempre são a *única* resposta.

Moças, antes de se conformarem a viver sem sapatos estilosos experimentem alguns dos meus segredos mais bem-guardados para ir às compras:

- Aumente meio número (nos Estados Unidos) nos sapatos de bico fino para aliviar dores nos pés como fascite plantar ou problemas com joanetes.
- Use sapatos altos que tenham uma plataforma embaixo do dedão a fim de aliviar a pressão sobre o peito do pé (ou se você tiver neuroma de Morton). Usar palmilhas também ajuda.
- Se você tiver alguma fratura por estresse ou um dedão quebrado, procure sapatos de sola grossa para ter mais apoio. Experimente modelos anabela de altura média.

Identifique o caimento perfeito para você

Sempre tenho uma variedade de palmilhas, protetores de calcanhar, band-aids e um bastão antibolhas à mão para resolver problemas inesperados com pés e sapatos quando vou às compras. Se você usa algum tamanho especial (abaixo de 33 ou acima de 43) ou realmente precisa de sapatos mais estreitos ou largos, procure lojas especializadas perto de você, varejistas na internet ou então pense em mandar fazer sapatos customizados. Sites como Nordstrom.com, Zappos.com, Amazon.com, Shoes.com e Marmi.com permitem comprar por tamanho, largura e estilo. A promoção "overs and unders" (números acima e abaixo dos mais comuns) da Nordstrom é famosa e eles até ajudam a comprar sapatos diferentes caso os seus dois pés não tenham o mesmo tamanho.

Se você sofre de doenças nos pés e está em busca de sapatos estilosos e confortáveis, estas são algumas marcas em que é fácil encontrar sapatos para homens e mulheres, com várias opções de preço, que recomendo para os clientes usarem no trabalho:

- Allen Edmonds
- AGL (Attilio Giusti Leombruni)
- Anne Klein
- Aquatalia
- Bandolino
- Børn
- Christian Louboutin
- Clarks
- Cole Haan
- Ecco
- Enzo Angiolini
- Geox
- John Lobb
- Isolá
- Ivanka Trump
- Joan and David
- Jimmy Choo
- Manolo Blahnik
- Mephisto
- Me Too
- Munro
- Nine West

- Paul Green
- Rockport
- Salvatore Ferragamo
- Söfft
- Taryn Rose
- Tory Burch
- Stuart Weitzman
- Vaneli

Escolha um salto de cinco centímetros para ter conforto e estilo. Se quiser usar algo mais alto, coloque uma plataforma de 2,5cm abaixo do peito do pé. Um salto robusto ou mais largo pode dar mais estabilidade, mas se você fica confortável num stiletto, ouça os seus pés.

Gafes de caimento para mulheres

Até os mais distraídos em assuntos de moda vão notar se você disparar os alarmes do mau gosto o tempo todo. Aqui estão alguns visuais comuns que devem ser evitados no escritório:

Cinto de pele

Quando a blusa está muito curta ou a calça, baixa demais, você pode deixar à mostra o chamado "cinto de pele". É aquele pedaço de pele exposto quando a parte de cima ou de baixo (ou ambos) da roupa não está com o caimento correto. Use apenas peças que cubram adequadamente a barriga. O único cinto de pele que você deve mostrar é aquele pelo qual você pagou.

Pneuzinhos

Os pneuzinhos parecem um muffin recém-saído do forno: quanto mais a massa fica no forno, mais ela cresce e cai para os lados da forma, formando uma espécie de travesseiro delicioso e macio. O mesmo acontece quando a sua calça está apertada demais: a carne se espalha pela cintura, criando um volume similar ao muffin, embora pouco atraente. Isto é um pneuzinho, um visual que fica ótimo nos alimentos, mas não tão bom quando se trata de moda. O pneuzinho dá a impressão que você está claramente perdendo a luta contra a barriga.

As pessoas costumam alegar que têm pneuzinhos justamente por não conseguirem achar calças que não criem este efeito. O segredo é procurar calças de cintura mais alta, que ajudam a conter e dar estrutura à barriga, impedindo este "vazamento".

Decote nas costas

Isto acontece quando a alça do sutiã está apertada demais e imprensa a pele, comprimindo a carne. Esta gafe é parente próxima do seio duplo, que ocorre quando o bojo do sutiã é pequeno demais. Para corrigir estes dois problemas (e quaisquer outros relacionados a sutiãs), você precisa se dar de presente um sutiã que lhe caia bem. O sutiã certo não só vai ajudá-la a parecer mais magra e fazer todas as blusas caírem melhor como vai garantir que o seu decote fique onde deve: na frente do corpo. Procure uma loja de lingerie ou um especialista na área e marque uma sessão para descobrir o sutiã ideal para você.

Calcinha marcando

A sua calcinha sempre deve ser invisível. A roupa íntima é uma peça feita para sustentar discretamente a estrutura do corpo. Como acontece com os alicerces de um prédio, o que sustenta você por baixo das roupas não deve ficar à mostra. Usar calcinha é como lavar as mãos: uma medida de higiene necessária que deveria ficar longe dos olhos. Nós supomos que todos usam água e sabão no banheiro sem que precisemos testemunhar, e da mesma forma devemos supor que todos usam roupas de baixo sem a prova visível de sua existência.

A melhor forma de se livrar destas marcas pode ser o uso da calcinha fio dental, mas nem sempre esta é a melhor opção, pois também pode marcar. Lingerie sem costura nas bordas ou meias-calças também são boas soluções. Muitas roupas íntimas são vendidas como não tendo costuras, mas procure algo que dê a impressão que as bordas foram retiradas com tesoura, permitindo que a lingerie encoste diretamente na sua pele, sem causar marcas. Se não conseguir achar uma boa lingerie sem costura, pode usar uma calcinha estilo boy short ou boneca, que tem o corte diferente do biquíni tradicional e não deixa marcas. Apenas verifique se não está apertado demais para não criar pneuzinhos ou barriguinhas.

Problemas com o busto

Se você tem seios grandes, deve ter trabalhado muito para disfarçá-los ou ficou tão frustrada que deixou "os meninos" ficarem como quiserem. Um pouco de decote está liberado, mas é possível evitar os excessos. Fique longe de qualquer peça que fique apertada na região do busto e tenha sempre uma camada de roupa (blusa de alça ou bustiê) por baixo para ajudar a disfarçar o tamanho e melhorar o visual. Use blazers sem colarinho, que reduzem o volume, opte pela gola V em vez da gola alta para não destacar a região e experimente usar esquemas de cores monocromáticos ou tons da mesma cor para alongar a silhueta. Se você tem seios pequenos e quer dar mais volume à silhueta feminina, use colares longos e ceda à tentação das blusas interessantes. Peças com laços no pescoço, em camadas e com babados caem muito bem.

Considerações finais

O estilo não é uma recompensa, é uma ferramenta! Arrume tempo nas compras para pesquisar e identificar os estilos que funcionam para o seu biotipo. Prepare-se para fazer ajustes e organize seu orçamento e sua agenda já pensando nisso. (Conheço muitas pessoas que acabam deixando as peças ajustadas na loja por meses porque se esquecem de buscar.) Comprar a peça que lhe cai bem é sempre mais importante que seguir as últimas tendências da moda.

8

VASCULHE O SEU GUARDA-ROUPA

A primeira regra do meu guarda-roupa é usar o que está nele. Se eu não puder encontrar tudo com facilidade, significa que não estou usando todas as peças que tenho. Você se lembra de quando tinha memória afiadíssima para roupas e conseguia combinar imediatamente a saia nova com uma blusa de dois anos atrás que estava escondida no fundo do armário? Acelere para vinte anos no futuro e, entre família e trabalho, a maioria de nós tem sorte se conseguir se lembrar do que precisa quando vai ao supermercado. Gosto de vasculhar e organizar os armários de modo que eu possa ver tudo e nunca vou ao supermercado sem uma lista de compras.

Os paralelos entre roupas e alimentos são vários. Se você compra pão, queijo ou frutas frescas na feira tenta comê-los antes que estraguem? Aposto que a sua resposta foi sim, mas quantas vezes compra roupas novas e deixa penduradas no armário por séculos antes de usá-las? Claro que você pode estar esperando uma ocasião especial, tentando procurar outra peça que combine com ela ou analisando se o estilo é ousado demais para o seu gosto, mas é justamente este o problema. Muitas pessoas com quem trabalho abrem um armário cheio de roupas todos os dias e reclamam: "Não tenho nada para vestir!" O armário não deve ser um museu de roupas, cheio de relíquias e peças impossíveis de usar e sim o lugar da casa em que você vai para virar *você*, independente se o dia exige a profissional poderosa, mentora, mãe multitarefa que trabalha fora ou alguém que passa o dia na rua a trabalho. O objetivo deve ser fazer do seu armário um local de compras no qual tudo o que você adora está no estoque e lhe cai bem!

Consultoria de guarda-roupa

Se abrir o armário e não souber o que fazer, então é hora de se dar de presente uma consultoria de guarda-roupa. Se ainda tiver roupas com etiquetas, mas usa sempre as mesmas peças para ir ao trabalho a semana inteira, não está aproveitando ao máximo o dinheiro que investiu. Roupas, acessórios e outras peças fashion sem dúvida representam um investimento, tanto de dinheiro quanto de tempo. Mesmo se achar que não tem muitas roupas no armário, examine o que está nele. Você realmente usa tudo? O seu armário não é um depósito: cada peça deve ter um valor e uma data de validade.

A primeira etapa desta verificação consiste em começar numa das pontas e olhar peça a peça, perguntando-se: "Eu gosto disso?" Se possível, separe as roupas de trabalho das de sair para facilitar o processo e manter o foco. Prepare-se para formar pilhas na cama ou pelo quarto e seja sincera. Examine cada peça tão querida como se estivesse escolhendo frutas e vegetais no mercado. Você escolheria esta maçã meio amassada ou a que está perfeita e reluzente? O ideal é amar todas as suas peças, mas na realidade a maioria de nós não faz isso. Geralmente aceitamos algumas delas por falta de tempo, dinheiro ou até interesse, por estarmos apenas querendo sair da loja e voltar à vida normal. Ao aprender o que procurar e como comprar de modo mais inteligente, você conseguirá reduzir imensamente este uso ineficaz do seu tempo. Se você ama ou gosta de uma peça, deixe-a pendurada no armário. Caso ela mereça um "ok", coloque numa pilha. Seja realista. Não diga: "Gastei muito nela, então eu gosto." Ou ainda: "É de uma marca boa, então devo ficar com ela." Estes não são bons motivos para usar algo se não ficar bem em você!

A segunda etapa consiste em categorizar as pilhas. Se você não tiver certeza se algo que escolheu lhe cai bem ou tiver a peça há tanto tempo que apenas supõe que ela ainda serve por ser do tamanho que sempre usou, coloque na pilha "experimentar". Se não servir, coloque na pilha "descartar". As roupas não ganham o direito de morar no seu armário, assim como não vestem você magicamente de manhã ou vão sozinhas até o caixa da loja. Você é a única pessoa que controla esses atos. Separe as peças grandes demais das que estão pequenas demais, e também as que precisam de alguns ajustes (bainhas ou mangas compridas, botões que faltam, buraquinhos ou rasgos).

Alerta de estilo: *As roupas nem sempre são melhores só porque custaram mais caro ou porque você conseguiu um desconto numa loja de marca.*

Também quero que procure manchas e rasgos nas peças. Se o dano puder ser reparado, coloque a peça na pilha de roupas a serem ajustadas. Se não, descarte. A pilha do "descarte" provavelmente vai ser uma das maiores. Costuma ser difícil descartar peças favoritas que estão manchadas, mas se você já tentou remover a mancha e não conseguiu, então mantê-la na categoria de roupas em uso não é viável. Manchas nas axilas e o anel em torno do colarinho também entram nesta contagem. O seu armário não deve ser um cemitério de roupas manchadas.

A terceira etapa consiste em abrir o armário e avaliar se está cheio de peças que estão de acordo com o seu estilo de vida. Você trabalha com vendas, mas tem uma grande coleção de cardigãs? Talvez precise investir em mais peças poderosas. Você acabou de se formar e ainda se veste como nos tempos da faculdade? Lojas *fast-fashion* facilitam a vida de quem precisa comprar roupas de trabalho com orçamento limitado. Acabou de mudar de emprego e agora se vê cheia de roupas adequadas apenas a uma determinada área ou código de vestimenta? Vestir-se de acordo com o estilo de vida que você tem ajuda a aumentar e manter a confiança. A vida já tem distrações suficientes, portanto não deixe o seu armário ser mais uma delas. Otimize as suas decisões de compra e jogue o nível de exigência lá para cima. Apenas as peças que você ama, caem bem e combinam com o seu estilo de vida devem morar no seu armário.

Costumo batizar uma categoria de peças desnecessárias que as pessoas costumam ter no armário de "fantasmas". São amigas do passado recente, que marcaram ocasiões importantes da sua vida: o terno que você vestiu na formatura da faculdade de direito, o blazer de veludo cotelê do seu pai, a roupa da sua festa de noivado (que você ainda espera usar algum dia numa viagem casual resort). Se tiver espaço para que o seu armário seja um museu de roupas, exibindo todas as compras e lembranças passadas, ótimo. A maioria das pessoas não tem esse privilégio.

Quando decidir manter algumas peças, faça isso por um bom motivo e limite a quantidade. Por exemplo, Jim tinha uma quantidade excessiva de bonés de beisebol. O trabalho dele era relacionado ao esporte e, embora nunca tenha usado os bonés, adorava guardá-los como lembranças. Resultado: eles acabaram tomando conta do armário, e Jim mal tinha espaço para peças importantes como sapatos, suéteres e roupas casuais porque todas as prateleiras disponíveis eram para os bonés. Quando cheguei para organizar o espaço, discutimos a relação dele com os bonés e ele percebeu que, embora os adorasse, sentia-se preso e sobrecarregado pela coleção. Para maximizar o espaço físico (e emocional), criei uma parede decorativa no armário para

Vasculhe o seu guarda-roupa

163

que ele pudesse admirar seus vinte bonés de beisebol favoritos. O resto foi colocado numa caixa no porão. Jim poderia trocar os vinte bonés à vontade, mas agora eles faziam parte da decoração, em vez de apenas ocupar espaço. Essa liberdade facilitou o desapego, geralmente uma das coisas mais difíceis a se fazer nos nossos armários. Na verdade, o maior obstáculo para adotar um novo estilo está na cabeça.

Junto aos fantasmas dos nossos armários estão penduradas as peças que podem voltar à moda ou a caber em nós. Embora as modas às vezes voltem, o mesmo nem sempre acontece com nossas dimensões. Tente não se apegar a algo que não usa por mais de três anos, a menos que tenha um objetivo bem específico. Conheço mulheres inteligentes que adoram comprar roupas de trabalho em lugares clássicos, mas odeiam o fato de todo mundo no escritório também usar roupas das mesmas lojas. Por isso, guardam peças importantes por alguns anos e usam apenas depois que a moda passou, então ninguém vai se lembrar de que elas estavam em todos os manequins da cidade num determinado momento. Isso exige um olhar afiado e uma boa dose de planejamento, mas se você tiver espaço e orçamento para guardar peças, experimente. Esta é uma das únicas ocasiões em que permito aos clientes guardar peças com etiquetas.

Também conheço mulheres que economizam dinheiro e compram peças de grife incríveis: um par de Manolo Blahniks, uma bolsa Chanel, um vestido envelope Diane von Furstenberg, um colar David Yurman e ficam guardando para sempre. Na verdade, já encontrei essas peças nas embalagens originais até cinco anos depois que foram compradas. Isso não é uma "economia" produtiva. O seu dinheiro estaria mais bem-guardado num plano de previdência privada. Se você faz parte desde clube do "compro e guardo" vá até aquela peça fabulosa e pergunte-se por que ela não está sendo usada. Você acha que não merece? Não se encaixa no seu estilo de vida? É demais para o escritório? Geralmente estas peças são clássicas e uma oportunidade incrível, mas podemos ficar tímidas ou esperando o momento perfeito... Que nunca vai chegar.

No seu armário só devem existir peças que possa usar. Crie oportunidades para interagir com suas roupas e acessórios, do contrário eles viram notas de dólar penduradas em cabides. Se você fez uma compra cara e depois descobriu que não era a peça certa, coloque-a em consignação para tentar recuperar parte dos custos e siga em frente. Ao longo do tempo peças incríveis devem ser retiradas do armário simplesmente porque um estilo saiu de moda. E, sim, às vezes isso acontece antes de você poder estreá-la.

Depois de criar as pilhas, a próxima etapa é a avaliação. A esta altura você deve ter pelo menos três pilhas: uma de peças a experimentar, outra para as peças que precisam de consertos (alterações, remoção de manchas, etc.) e uma para doações. Claro que é possível subdividi-las de acordo com detalhes específicos. Na seção "itens que precisam de reparo", separe as peças que podem ser facilmente ajustadas das que estão apertadas ou muito grandes. Separe estas peças que precisam ir para a costureira ou lavanderia das que você pode cuidar em casa. E, no grupo das doações, decida quais peças irão para quem você conhece e quais serão enviadas a organizações de caridade. Doar peças nos faz sentir bem, seja para a sua babá, um dono de brechó ou algum desconhecido que está aprendendo a se vestir para impressionar com a ajuda de uma organização de caridade. Não guarde suas roupas para doar "na hora certa" ou elas vão ficar no armário do quarto de hóspedes por mais tempo que ficaram no seu.

Alerta de estilo: *Se você não gosta de doar roupas, organize uma festa de troca com os amigos ou pense em vender peças de grife no eBay. A roupa descartada por uma pessoa pode ser a favorita de outra!*

Organizando o guarda-roupa: o que sobrou?

Agora que terminou de fazer as pilhas, o seu guarda-roupa deve estar cheio de peças das quais você precisa e que ama. Dê uma olhada lá dentro. Há muitas roupas? Aposto que boa parte delas é o que você realmente veste ou deseja vestir para o trabalho e o que está na cama são peças desnecessárias ou nostálgicas das quais você só se livraria se fosse obrigado. Faça disso um incentivo: retire os cabides vazios do armário, avalie a quantidade de espaço disponível e divirta-se. Costumamos usar 20% do nosso guarda-roupa 80% do tempo. Quando limpo um armário, na maioria das vezes os clientes têm a agradável surpresa de observar que o processo de reconstruir o guarda-roupa não é tão doloroso e nem tão caro quanto esperavam. Raramente nos livramos de peças novas e estilosas. Nós abandonamos roupas manchadas, datadas, que não servem mais, não eram usadas há anos e apenas ocupavam espaço.

Vasculhe o seu guarda-roupa

Um armário bem-editado oferece a oportunidade de identificar claramente as lacunas no seu guarda-roupa e de vasculhar o próprio armário para criar novas combinações. A primeira etapa consiste em organizar o espaço recém-aberto de modo que essas oportunidades fiquem claramente visíveis. Depois de remover as peças extras, tente pendurar tudo no mesmo tipo de cabide, seja o de arame que veio da lavanderia ou algum modelo elegante em madeira. Cabides de estilos e cores diferentes distraem os olhos, especialmente quando estão cheios de roupas, então faça de tudo para criar uma arrumação simples e elegante usando apenas um estilo. Pense nas suas lojas prediletas: é mais fácil achar a roupa perfeita numa sofisticada loja de grife bem-organizada ou nas prateleiras lotadas daquela lojinha em promoção? Mas tenha consciência da quantidade de tempo que você tem para esse projeto. Se for um enorme empreendimento, pode acabar ficando para depois ou pela metade.

Esse processo diz respeito ao ato de organizar o seu espaço e deixá-lo mais atraente e tão fácil de pesquisar quanto a sua loja favorita. Se você estiver procurando recomendações de cabides, um dos meus estilos favoritos são cabides finos e aveludados. Esse tipo de cabide funciona especialmente bem se você tiver pouco espaço, e evita que as roupas escorreguem. Planeje dar um espaço de pelo menos 1,25cm entre os cabides (mais, se eles forem mais grossos) para navegar confortavelmente pelo armário. Se você não tiver cabides em quantidade suficiente, acrescente-os à lista de compras quando estiver identificando as lacunas no seu guarda-roupa.

A próxima etapa consiste em escolher um método de organização visual que funcione para você. Algumas pessoas gostam de arrumar por cores (das claras para as escuras) ou categorias (ternos, calças, saias). Para mulheres, o meu método favorito é começar pelo comprimento da manga: arrume as blusas começando pelas sem manga, indo até as de manga comprida. Se quiser, organize cada categoria pelas cores. Depois passe para as terceiras peças e vestidos, também arrumados pelo comprimento da manga. Se já se perguntou quais cores lhe caem bem olhe no seu armário; é bem provável que você já tenha várias roupas dessas cores. Enquanto organiza blusas, terceiras peças e vestidos, vai entender o papel da cor no seu guarda-roupa. Você acumula cores neutras ou compra apenas cores brilhantes? Não é necessário ter peças de todas as cores do arco-íris, só das que ficam bem em você.

Quando chegar às calças e saias, organize das mais curtas para as mais compridas e novamente por cor, se desejar. Caso tenha espaço no armário, pendure as calças usando cabides com presilhas para economizar espaço em vez de dobrá-las no cabide. Depois vem a questão de posicionar as roupas no armário. É melhor colocar as peças mais desafiadoras de vestir e as que são usadas com mais frequência num lugar de destaque e bem-iluminado. Por exemplo, se você decide o que vestir para trabalhar todo dia com base na sua barriga (inchada ou chapada), é provável que queira ter acesso fácil às calças para experimentá-las de manhã. Caso use uma terceira peça todo dia, deixe-as à vista no centro do armário em vez de usar esse espaço importante para acumular blusas comuns. Ao organizar as peças por tamanho da manga e bainha, você vai conseguir visualizar o que tem. Aí é só destacar as categorias que usa mais ou gostaria de usar com mais frequência.

Os homens também podem seguir um método parecido de organização. As categorias de peças básicas para ir ao trabalho são mais limitadas, mas devem ser organizadas mesmo assim. Separe as camisas arrumando-as do estilo casual para o formal, pelo comprimento da manga e pela cor. Separe as calças dos ternos e guarde os blazers esporte à parte. Se você tiver dificuldade de combinar as gravatas com as camisas, pense em fazer as combinações antecipadamente e pendurá-las juntas. Você terá probabilidade maior de usar acessórios (abotoaduras, reforços de colarinho, prendedores de gravata) se conseguir encontrá-los, então mantenha-os sempre à mão.

Ao longo desse processo você vai descobrir muitas peças iguais, roupas ainda com etiquetas, além de visuais incompletos ou esquecidos. Nossa tendência é comprar várias versões da mesma peça repetidamente até acertar. Muitas vezes isso acontece quando estamos experimentando uma nova cor e estilo de roupa. Moças, se lembram de quando experimentaram aquela túnica para um visual específico? Talvez você tenha corrido para comprá-la na hora do almoço, numa promoção imperdível, depois usou uma vez e percebeu que não ia dar certo. Algum tempo depois, porém, acabou comprando outra versão da túnica e agora você a adora! Isso também acontece com homens: você arrisca uma camisa lavanda e não gosta, mas fica com ela mesmo assim. Eis que surge o Dia dos Pais e, com ele, outra camisa lavanda, mas agora ela é perfeita! Geralmente nos esquecemos de doar ou trocar as versões que não deram certo. Nunca houve nada errado com elas, você apenas achou outra peça de que gosta mais. Resolver isso é fácil: sempre que substituir uma peça, livre-se da antiga (doe ou troque) ou troque-a para uma categoria diferente (de trabalho para diversão). Isso vai impedir o aumento de itens desnecessários no seu guarda-roupa.

Onde guardar os acessórios

Depois de vasculhar as roupas, passe para os acessórios. Os sapatos formam uma categoria importante. Remova das caixas ou dos organizadores os pares que você mais usa (reserve esses lugares para guardar os sapatos que não for usar mais naquela estação do ano). Coloque-os diante de você ou organize-os de modo que um sapato fique com a ponta virada para a frente e o outro, para trás, assim você terá uma ideia melhor do visual e poderá perceber quando os sapatos começarem a ficar desgastados ou velhos. Fique de olho nos saltos, mas saiba que a maioria das pessoas nota primeiro a frente dos sapatos.

Moças, organizem as pashminas no armário de modo que elas fiquem fáceis de serem usadas e mantenha as bolsas fora das capas que as protegem da poeira, se você gosta de trocá-las com frequência. Quando guardamos peças, a probabilidade de usá-las é menor porque não conseguimos encontrá-las rapidamente.

Crie um display sofisticado de joias, seja numa gaveta bem-organizada ou sobre uma penteadeira. Pendure colares e pulseiras num cabide específico para facilitar o acesso. Rapazes, pendurem as gravatas perto das camisas sociais para que fique mais fácil fazer combinações e guardem os cintos onde seja possível notar se estão desgastados. É importante pendurar o máximo de peças que o espaço permitir, deixando apenas as mais básicas dobradas. Roupas guardadas em gavetas ou prateleiras acabam esquecidas, então deixe esse espaço para as roupas casuais, peças para usar em camadas e acessórios.

Como gerenciar suas roupas

Como saber se você tem peças demais? Toda vez que vasculho um armário me fazem perguntas sobre os menores ou maiores, os mais organizados ou desorganizados que já vi e como o cliente atual se compara a eles. A dica para saber se você tem a quantidade certa de roupas é observar se tem tempo suficiente para usar todas. Qualquer um precisa apenas de 14 a 22 peças por estação do ano (sem contar os acessórios) para ter um guarda-roupa de trabalho bem-sucedido e estiloso. Pois é, eu sei! Menos é realmente mais. Além disso, algumas roupas servem para várias estações. Pense nos 20% do armário que você realmente usa. Conte quantas peças isso compreende.

Enquanto um especialista em estilo facilmente tem o dobro ou triplo deste número, o fato é que você deve ter e cultivar apenas a coleção que pode vestir. Assim como acontece com os alimentos, o controle de porções é importante e cada um tem uma tolerância diferente.

Gabby gosta tanto de comprar que não passa um dia sem voltar para casa com algo novo. Ela enche o armário de peças fabulosas, que compra seja na hora do almoço ou num intervalo entre as reuniões numa viagem a trabalho. E não só adora comprar, como tem ótimo gosto! O desafio é que ela não tem tempo de combinar as peças. Ela só gosta da experiência da compra. Da mesma forma, Ted é um pechincheiro e adora caçar promoções. É quase impossível pará-lo. Ele costuma comprar roupas das quais definitivamente não precisa apenas pela adrenalina da caçada e porque a etiqueta com preço baixíssimo o empolga. Se você se identificar com um desses casos, significa que está comprando mais peças (seja tendências do momento ou peças básicas em promoção) do que é capaz de vestir. Caso esteja estocando roupas (sem contar as peças fora da estação) em mais do que três armários em casa, no porão ou na garagem, então tem roupas demais. As únicas pessoas que deveriam ter tantas roupas são as que não podem ser vistas comprando em público devido aos paparazzi ou por questões de segurança. Gente comum precisa de um armário que possa vasculhar, não de uma loja de departamentos inteira. O tamanho da sua despensa é uma boa analogia para o armário: guarde apenas a quantidade de alimentos que consegue consumir e apenas a quantidade de roupa que consegue vestir.

Vestindo-se de acordo com a estação

Dependendo de onde você mora, as roupas podem favorecer mais uma estação do ano ou servir para todas. Exceto em climas extremos, a maioria dos guarda-roupas serve bem para três estações. Em termos de organização, faça as roupas circularem nas suas respectivas estações. Se você tem o privilégio de ter outro armário à disposição, mude de lugar o que você não vai vestir quando o clima esfriar ou esquentar. Assim como fazem as suas lojas favoritas, deixe as roupas mais adequadas o mais expostas possível. Não há necessidade de usar tweeds no verão ou linho no inverno. Se você não tem espaço de sobra, coloque os tecidos e cores para a outra estação no fundo do armário. O mesmo conselho se aplica a quem guarda vários tamanhos de roupas porque o corpo está em transição, seja por gravidez ou mudança de peso.

Vasculhe o seu guarda-roupa

Alerta de estilo: *Peças compradas na primavera geralmente servem também para o outono. Pense em usar roupas em camadas ao longo do ano para fazer o dinheiro gasto nelas valer a pena.*

Os manequins das roupas no seu armário

Muitos homens e mulheres variam o tamanho da cintura entre 1,5 a 2,3 quilos numa semana. Em alguns casos, isso significa mudança de manequim (para mais ou para menos). Em outros, significa um ajuste de estilo (não usar um tipo de roupa específico até voltar ao peso adequado). É totalmente sensato ter as roupas apropriadas para acompanhar a sua variação de peso. Porém, vestir roupas do tamanho errado para se inspirar não é uma boa ideia. Guardar peças pequenas demais pode prejudicar a autoestima, e guardar roupas três números maiores (por medo de engordar de novo) não é uma forma eficiente de usar o espaço (físico ou mental).

Quando abri o armário do Eddy pela primeira vez, fiquei impressionada com a quantidade de etiquetas nele. À primeira vista, achei que fosse uma solução para identificar as roupas, mas quando olhei mais atentamente vi que eram pedaços antigos de papel com palavras como "gordo" e "magro", e ele não estava falando de "jeans skinny"! Perguntei o significado das etiquetas e ele explicou que elas marcavam as zonas de perigo, os lugares do armário que ele não desejava visitar. "Gordo" indicava as calças de quando ele ganhou peso (sete anos antes) e "magro" eram para as camisas do período em que emagreceu (quatro anos antes). Eddy manteve o mesmo peso e o mesmo físico pelos últimos três anos, mas guardou as roupas antigas como lembretes. Ele também tinha uma seção de peças danificadas, etiquetadas identificando roupas curtas ou compridas demais, manchadas ou rasgadas. Aquele armário era uma zona de guerra: quase tudo o que ele tocava trazia uma lembrança ou sensação negativa.

O armário bem-organizado nem sempre é um bom de se vasculhar. Para isso é preciso manter o guarda-roupa bem-editado. Os métodos que adotamos para guardar ou organizar nossas roupas podem ajudar ou atrapalhar o processo. Estilo e roupas são ferramentas para ajudar você a gerenciar o peso, não uma recompensa por perdê-lo. Fomos condicionados a pensar "Vou às compras quando perder dez quilos", em vez de ir às compras quando perdemos dois quilos e estamos com uma aparência ótima e nos sentindo muito bem (logo, motivados a manter o peso ou a perder mais uns quilinhos).

Adaptar o estilo a uma mudança de vida é um processo de longo prazo. Quando uma pessoa toma a decisão de perder uma quantidade significativa de peso (entre dez a 45 quilos), comprar roupas novas é uma necessidade. Trabalho com clientes mensalmente para ajudá-los a gerenciar o guarda-roupa enquanto reduzem as medidas. Esse tipo de transição não pode ser escondido atrás de roupas largas ou portas fechadas. Meus clientes vão trabalhar todos os dias com o objetivo de subir na carreira. Dependendo da perda de peso, a mudança de manequim pode ocorrer a cada dois ou quatro quilos. O segredo para gerenciar esse processo sem se endividar é lembrar que menos é mais e ter boa aparência num período de transição não exige peças mais caras. Ainda assim, você pode estar a caminho de uma promoção ou sendo entrevistado enquanto perde peso e é importante manter o visual atualizado. A parte mais recompensadora desta jornada é ver as pessoas exibirem o resultado do trabalho árduo que tiveram em cada etapa.

Trabalhei com Roberta durante um momento crucial: ela era uma estrela em ascensão no mundo da mídia e lutava para perder 34 quilos. Embora estivesse empolgada para emagrecer, não queria que todas as conversas da sua vida profissional girassem em torno do corpo. Decidimos atualizar o guarda-roupa sempre que o manequim mudasse (mais ou menos a cada quatro semanas) para manter o visual impecável e moderno. Como perder uma quantidade significativa de peso é uma longa jornada, as paradas ao longo do caminho devem fazer você se sentir bem e deixar você se acostumar com as novas medidas. Embora a mudança drástica de manequim seja recompensadora, também pode ser uma montanha-russa emocional.

Quando começamos, Roberta não notou quando as calças ficaram grandes demais, apenas achou que estavam ficando confortáveis. Experimentar e usar roupas do tamanho certo geralmente é uma questão de aceitação mental e emocional. Na quarta vez que compramos calças novas, ela finalmente conseguiu perceber quais estavam grandes demais e começou a associar essa sensação à necessidade de mudar de manequim. As pessoas que perderam muito peso geralmente veem no espelho alguém maior do que elas realmente são. Por isso, é importante dar pequenos passos e cultivar o processo de emagrecimento. Ao refletir sobre o novo corpo a cada mês, Roberta se acostumou à sensação de as roupas começarem um pouco apertadas, cederem, serem lavadas e encolherem e depois ficarem mais largas enquanto ela perdia peso. Isso também a obrigava a se olhar no espelho. Ela virou especialista em navegar por esses mares sensíveis e começou a tirar proveito da mulher em que estava se transformando.

Abastecer o armário com as peças básicas para o trabalho

É impossível criar o guarda-roupa ideal sem ter uma boa base. As peças básicas para trabalhar, tanto masculinas quanto femininas, estão disponíveis para todos os bolsos e vão ajudar você a subir na carreira. Se ainda não as tiver, faça um estoque destas peças clássicas cujo estilo pode ser modificado com acessórios para valorizar o seu investimento. (Lembre-se de que acessórios ocupam menos espaço no armário do que as roupas!) Estas são as peças básicas que vão ajudar você a construir (ou atualizar) o guarda-roupa profissional. São adequadas ao código de vestimenta da empresa, podem ser usadas de várias formas e combinadas com acessórios mais ousados para obter um visual mais moderno.

O BÁSICO PARA O GUARDA-ROUPA

Peças básicas para a mulher no trabalho
- Calça preta: Justa nos quadris e nádegas, mas não apertada demais, é o burro de carga de qualquer guarda-roupa profissional.
- Saia-lápis: Esta saia justa na altura do joelho é tanto clássica quanto moderna. Elegante e ultrafeminina, dá poder e estilo a qualquer guarda-roupa. Escolha o preto ou uma cor neutra para que ela seja o mais versátil possível.

(Continua)

- Camisa oxford ou terceira peça branca: Seja na versão mais justa com colarinho francês ou no estilo mais largo e preso com cinto, essa peça básica sempre vai ser um clássico no escritório. Se os botões estiverem repuxando, ela não serve! Opte por um blazer branco estiloso para dar uma abordagem moderna a um visual atemporal.
- Blazer: Esta terceira peça fundamental pode ser usada com calça, saia ou vestido. Procure uma modelagem slim nos ombros e com cintura facilmente detectável. Fique longe do excesso de tecido para obter um visual harmonioso e profissional.
- Cardigã: Um cardigã confortável e que aparenta ter sido caro sempre será adequado ao ambiente casual corporativo.
- Calças jeans ajustada: Jeans em lavagem escura e limpa é estiloso e é apropriado para a sexta-feira casual ou para ambientes de trabalho mais descontraídos.
- Vestidinho preto básico: Esta peça é a melhor das que fazem bem a transição do dia para a noite e, por isso, deve ser a primeira a ser retirada do armário quando você tiver um evento depois do trabalho. Coloque joias que chamem a atenção, um wrap ou salto alto e fique pronta em um instante para o happy hour.
- Um vestido de trabalho para o dia a dia: é uma peça fundamental para a mulher moderna. Ponha uma terceira peça por cima de um vestido justo sem mangas, realce a silhueta num vestido envelope ou escolha um clássico chemisier para o escritório.
- Sobretudo: É atemporal, cai bem em todo mundo e serve para várias estações. A relação dele com a era de ouro de Hollywood e suas estrelas glamourosas é um bônus.
- Wrap: Jogue uma pashmina ou wrap de lã com babados por cima do ombro para manter-se aquecida e obter um toque de glamour instantâneo.
- Cinto: Um estilo médio para largo de elástico e com fivela de couro envernizado vai destacar a cintura e manter você confortável o dia todo. O cinto obi (faixa usada por japoneses em quimonos) de couro também está entre os meus favoritos.
- Sapatos: Fechados e com saltos de material envernizado ou de bico fino são clássicos, versáteis e sofisticados. Os saltos nude são es-

(Continua)

Vasculhe o seu guarda-roupa

173

senciais nos meses mais quentes para alongar as pernas. Combine-os com o seu tom de pele e escolha entre sapato fechado ou peep-toe.

- Roupas modeladoras: Tenha a postura mais reta, quadris definidos e barriga reta com roupas modeladoras. Mantenha uma coleção que sirva para o ano inteiro, podendo ser usada com vestidos, saias ou calças.
- Óculos de sol: Todos precisam de um belo par de óculos escuros para se esconder durante a hora do almoço ou nas viagens de ida e volta para o trabalho.
- Joias marcantes: Um colar longo (entre 75 e oitenta centímetros de comprimento) de ouro ou prata quase sempre emagrece, pois chama a atenção para a parte superior do tronco e o busto.
- Esmaltes: Mantenha um estoque de favoritos clássicos como rosa-claro, branco suave e vermelho para se destacar na sala de reuniões.
- Bolsa ou pasta: Geralmente guarda laptop, arquivos e maquiagem e fala muito por você, portanto invista nela com inteligência. Uma bolsa de couro rígido que pareça elegante pode ser uma Goyard ou até uma peça de uma loja de departamentos.

Peças básicas para o homem no trabalho

- Calça social sem pregas: Modernas e profissionais, elas vão tranquilamente do formal corporativo ao casual corporativo.
- Ternos: Invista num terno azul-marinho ou cinza bem-cortado com abotoamento simples. Guarde o preto para ocasiões formais.
- Blazer versátil: Escolha um blazer azul-marinho ou esporte estampado para fazer a transição do dia para a noite.
- Camisa social: Versáteis, elas vão do casual corporativo ao formal corporativo. Encontre o caimento certo para o seu tipo físico e invista numa boa variedade de cores. Os estilos que dispensam o ferro de passar são fáceis de manter.
- Jeans escuros: Estilos de alfaiataria e conservadores são aceitáveis em vários escritórios nos dias casuais. Procure um modelo boot-cut moderno ou jeans tradicional em lavagem escura.

(Continua)

A BÍBLIA DO ESTILO

- Calças cáqui que não amassam: Mantenha o visual profissional clássico do ambiente casual corporativo com um estilo clean e de bom caimento.
- Bons sapatos: Sim, as pessoas olham para os seus pés, então invista em pelo menos um par de sapatos de alta qualidade. Lembre-se de que eles serão muito usados e verifique se combinam com o código de vestimenta da sua empresa. Procure sapatos com cadarço ou loafers cujo bico tenha formato de amêndoa.
- Acessórios: Procure meias que combinem com a cor da sua calça ou tenham estampas fortes para dar um toque único. Use cintos que combinem exatamente com a cor dos sapatos (e não sejam apenas da mesma família de cores), além de camisas para usar por baixo e impedir que outros vejam pelos no peito, tatuagens ou transpiração.
- Acessórios: Use fixadores de colarinhos e dê um visual mais elegante às camisas sociais, capriche na carteira ou prendedor de dinheiro para fazer aquela visita ao café com o chefe e use um relógio bonito e elegante que combine com o visual (pode ser um Timex para o dia a dia ou, se preferir, um Rolex mais caro).
- Casaco: Escolha roupas para usar como camada externa que sejam adequadas ao ambiente e código de vestimenta, sempre buscando um visual moderno e de bom caimento.

Depois de ter adquirido todas essas peças básicas, você pode realmente começar a vasculhar o seu armário e transformar o espaço no seu local favorito. Como uma loja lotada e bagunçada, repleta de peças de todas as formas, tamanhos e estilos imagináveis pode competir com uma coleção de roupas que caem bem e ficam perfeitas em você? Vasculhar o próprio armário economiza tempo, aborrecimento e, o mais importante, dinheiro. Você não vai mais comprar peças desnecessárias ou que não servem e vai aprender a montar um visual lindo com as peças que já possui, algo fundamental para se vestir bem com pouco dinheiro.

Diretrizes para manter as roupas limpas

Agora que você criou um armário digno, é importante manter seus pertences em condição impecável. Seja cuidadoso e pendure as roupas que podem ser usadas mais vezes antes de irem para a máquina de lavar. As calças podem ser usadas entre três a cinco anos antes de começarem a perder a forma, enquanto as camisas se desgastam muito mais rapidamente. Ternos e blazers podem durar entre seis semanas a seis meses antes de precisarem ser lavados, a menos que tenham manchas ou odores. Lave todas as peças do terno juntas para que se desgastem por igual. Ao lavar roupas em casa, trate das manchas com antecedência e no momento certo. Quando os sapatos implorarem para ser engraxados além do seu ritual caseiro ou for preciso trocar a sola, leve-os ao sapateiro para uma reforma.

Alerta de estilo: *Para economizar, cuide das roupas que podem ser lavadas à máquina em casa e mande-as para a lavanderia apenas para serem passadas de modo a obter um visual melhor.*

Vai chegar o momento em que você terá que parar de usar uma peça para trabalhar. Aprenda a detectar os sinais de que a roupa deve ser retirada de circulação: desbotamento, manchas permanentes ou uma aparência desgastada, superfícies ásperas ou com bolinhas, rasgos, descosturas e desfiados que não podem ser consertados. Se a peça estiver muito danificada, considere deixá-la de fora das roupas usadas somente em casa e mandá-la para o cemitério das roupas, que é o fim de todas as grandes peças fashion no fim das contas.

Considerações finais

Você vai descobrir o seu DNA de estilo, que só você tem, quando vasculhar o seu armário. Gerencie o seu guarda-roupa a cada estação e observe as lacunas que precisam ser preenchidas. Abasteça o armário com uma seleção customizada de roupas que seja adequada para a sua idade, esteja na moda, caia bem e reflita o seu estilo de vida, e criará um guarda-roupa que resistirá ao teste do tempo. À medida que o seu estilo começa a surgir, vai ficar mais fácil se vestir e sair de casa cheio de confiança!

9

COMO COMPRAR SEM SER BANCADO PELA EMPRESA

LISTA DE DESEJOS DA LAUREN

- Luvas de couro preto na altura do cotovelo
- Bolsa clutch metálica (com alça escondida)
- Sapato plataforma de camurça

* Ficar sempre de olho em: terceiras peças, jeans escuros, sapatos de bico fino sem salto, colares marcantes

Nunca vou às compras sem uma lista. É perigoso! Posso acabar gastando além do orçamento (meu ou do cliente) ou comprando peças de que não preciso. Sempre tenho no celular um arquivo chamado "lista de desejos", onde estão as peças que estou querendo, além das básicas que devo sempre procurar caso me veja com uma hora livre (ou três, se tiver sorte).

Sabe quando você está se vestindo e só queria ter algo perfeito para completar o visual? Quando isso acontece comigo, vai imediatamente para a minha lista de desejos! Toda vez que trabalho com um cliente, termino a análise do armário com uma lista de compras que inclui peças para preencher as lacunas evidentes no guarda-roupa. Isso nos leva a manter o foco e não sair da linha, além de dar ao cliente uma noção do que esperar quando formos às compras.

É fundamental ser estratégico quando se trata de compras, pois é muito fácil se sentir perdido e sobrecarregado nessa hora. Se não gosta de fazer compras, riscar itens de uma lista ajudará a cumprir a tarefa e dará a sensação de dever cumprido para uma atividade que do contrário seria estressante. Caso adore comprar, mas já tenha tudo, a lista de desejos é uma ótima forma de identificar as pequenas tentações que estão liberadas quando você for praticar o seu esporte favorito. Quantas vezes comprou mais de algo que adora em vez das peças de que realmente precisava?

Os homens geralmente compram para substituir outra peça, enquanto para muitas mulheres fazer compras é uma atividade reconfortante. Eles têm maior probabilidade de comprar itens pelo preço cheio, enquanto elas costumam gostar mais de procurar pechinchas (e depois recontar as proezas). O preço cheio, contudo, pode significar um par de sapatos por cerca de setenta reais e uma pechincha para alguns pode ser definida como um par de sapatos de grife na Saks Fifth Avenue Off Fifth por cerca de setecentos

Como comprar sem ser bancado pela empresa 179

reais. As prateleiras de liquidação podem ser tentadoras e geralmente são o primeiro lugar para onde a pessoa vai quando entra numa loja, mas tenha cuidado: elas são mais adequadas ao comprador experiente e com tempo para escolher. Com a lista em mãos, não há dúvida de que você irá navegar pelas prateleiras com facilidade e confiança.

Para fazer o dinheiro render mais

Você pode criar um guarda-roupa estiloso com qualquer orçamento. A maioria de nós não tem dinheiro infinito para roupas e acessórios e, embora eu conheça algumas pessoas que comem macarrão instantâneo por uma semana só para comprar uma peça fabulosa, muitos de nós precisamos manter o orçamento e a alimentação em dia. Meu primeiro conselho: gaste a maior parte do tempo (e às vezes do dinheiro) na região do corpo em que você tem maior dificuldade de ter um bom caimento. Para mulheres isso geralmente significa procurar o caimento perfeito nos quadris, barriga ou busto. Para homens, significa achar calças com o comprimento certo ou obter o melhor caimento no torso.

Da mesma forma, gaste a maior parte do dinheiro em peças que você usa mais. Nesse caso também pode haver diferenças regionais. A calça social do dia a dia e uma terceira peça estilosa ou blazer esporte podem funcionar melhor para o diretor de uma empresa sem fins lucrativos. Já um sobretudo e bolsa são investimentos melhores para uma consultora que anda de metrô todos os dias. É importante comprar de acordo com o seu estilo de vida. As peças mais valiosas que encontro nos armários dos meus clientes raramente são usadas: um par de sapatos com saltos tão altos com os quais é impossível andar, uma saia de grife que não combina com blusa alguma ou um chemisier sofisticado que parece berrante demais para o trabalho.

A qualidade não é tão importante quanto o caimento. Uma peça de alfaiataria bem-cortada (ou que você tenha a sorte de encontrar no cabide e cair bem) pode superar outra de alta qualidade e caimento ruim. As lojas *fast-fashion* são tão normais em nossa cultura que as pessoas estão comprando peças básicas para trabalhar nas mesmas lojas em que compram toalhas de papel no atacado. Uma participante de um dos meus seminários de estilo disse que o marido tinha comprado seis camisas sociais, dois blazers esporte e três pares de calças sociais na Costco, e não tinha vergonha alguma de admitir isso. Até uns cinco anos, comprar na Kohl's, JCPenney ou

Sears (que dirá na Costco!) dificilmente renderia elogios como hoje. A presença de grandes nomes do design como Vera Wang, Joseph Abboud e até as Kardashians numa série de varejistas populares alterou completamente o nosso modo de comprar. Então fique grata pelas pechinchas e prepare-se para fazer ajustes nas roupas que comprar nas lojas. Ter um bom alfaiate ou costureira na agenda do celular é fundamental.

A diferença entre comprar barato e parecer que está usando roupas baratas

Há muito tempo o segredo dos fashionistas vem sendo misturar a moda barata e a sofisticada. Nenhuma figura pública trouxe este conceito para os holofotes tanto quanto Michelle Obama. Ela parece confortável tanto usando peças casuais da Gap quanto um vestido de noite Jason Wu. Ela até fez história no dia da posse em 2009 ao misturar peças básicas para o dia a dia da J.Crew com a alta costura de Isabel Toledo. O público fiel toma nota e segue os passos dela avidamente.

A diferença entre comprar peças baratas e parecer que está usando roupa barata está em dois aspectos: caimento e tecido. Se ambos forem bons, está tudo bem, não importa onde você tenha comprado a roupa. Independente de se vestir de modo sofisticado num dia e mais popular no outro ou misturar itens de alta costura e populares no mesmo visual, o ideal é manter o estilo consistente. Não vale se vestir como uma celebridade de segunda a sexta e andar esfarrapado no fim de semana. Não viole o espírito do seu ótimo visual para trabalhar se vestindo como um mendigo nas horas de folga. (Conheço gente que faz isso!) Porém, se você sempre usar um visual impecável e profissional as pessoas vão supor que você investe na aparência.

As peças texturizadas caem muito bem na categoria barato e chique, assim como os acessórios. Procure peças decoradas, estampas, sapatos, joias e wraps. Por exemplo, combine uma blusa preta justa clássica e uma terceira peça estilosa, como um colar que não passe despercebido, e sapatos de grife de alguma coleção bem-conhecida de um estilista famoso para uma *fast-fashion*. Uma bolsa de mão, por outro lado, pode parecer barata à primeira vista. Se os couros exóticos estiverem além do seu orçamento (ou forem contra os seus princípios), procure um tecido texturizado similar, como couro falso de avestruz, estampa de pele de cobra ou algum estilo em linho, tweed ou algodão.

Muitos designers incluem joias nas coleções, algo que é sempre interessante acrescentar a um visual. Se a sua aparência como um todo transmitir uma ideia de elegância, estilo e bom caimento, então bijuterias vão parecer divertidas em vez de baratas. As peças básicas e outras roupas da moda compradas em varejistas chiques e não tão caras como Zara, H&M e Topshop também são ótimas para incluir no guarda-roupa. É possível achar boas peças para usar em camadas e outras para o dia a dia. Elas não costumam durar tanto (até podem, se forem bem-cuidadas), mas dependendo do seu objetivo, podem ficar bem em um estilo que misture a moda sofisticada com a simples. Use uma bolsa de grife, com sapatos de salto da Payless e um terninho preto de bom caimento da Zara e ninguém vai notar!

Às vezes é legal contar vantagem por usar algo barato. As coleções especiais criadas por alguns designers, como Karl Lagerfeld na H&M em 2004 ou os que fizeram parte da marca Go International na Target, como Missoni em 2011, sempre atraem esse tipo de atenção. E não só é chique usar estas peças e contar vantagem como às vezes elas podem ser encontradas no eBay pelo dobro do preço original! Uma ótima pechincha em outlets sofisticados também é uma descoberta incrível e digna de contar vantagem. Mantenha a sua lista de desejos à mão para não se sentir como uma criança numa loja de doces da próxima vez que estiver num paraíso de compras!

Alerta de estilo: *Comprar em outlets de marcas sofisticadas definitivamente vale a pena para quem é fashionista e gosta de uma boa pechincha!*

Quando economizar, gastar e esbanjar

As tendências têm um jeito de se transformar em clássicos atemporais, enquanto as modinhas são fogo de palha. Por exemplo, o sapato de salto alto e bico fino sempre estará no guarda-roupa da profissional estilosa. Ele passou por várias evoluções (do salto robusto ao stiletto, da ponta arredondada até o bico fino "mata barata"), mas nunca vai desaparecer. Modinhas como cores neon, colarinhos enfeitados e óculos falsos, por sua vez, ficam na moda (e disponíveis) apenas por uma ou duas estações. Uma peça ou estilo vira tendência depois de pelo menos três a cinco anos nas prateleiras, enquanto a modinha é um movimento legal que pode durar até um ano. Algumas modinhas podem ser fabulosas, enquanto algumas tendências eu gostaria que sumissem do mapa. A pergunta a se fazer quando comprar é: "Estas tendências (ou modinhas) funcionam para o meu biotipo, minha idade e meu orçamento?"

O jeans skinny começou como uma modinha que virou tendência quando a calça preta skinny passou a ser peça básica no escritório. Dependendo da sua altura e aparência geral, esta calça pode ser usada com salto alto ou sem salto, mas é um estilo difícil de dominar. A maioria das calças skinny não pode ser usada da mesma forma que os modelos tradicionais: as camisas precisam ser mais compridas e o comprimento, proporcional ao tipo de corpo.

Quando Rhonda apareceu usando calça skinny no trabalho quase todos os dias, o departamento de recursos humanos da empresa me chamou para intervir. Ela colocava a camisa para dentro da calça, revelando volumes desagradáveis na virilha, além de marcar nádegas e coxas, pois a roupa era apertada demais. Os colegas de trabalho se sentiram incomodados (com razão) pelo traje nada profissional usado por ela, e vários reclamaram com a gerência.

Há versões muito piores dessa história. Todas as pessoas com quem falei que foram chamadas pelo RH por essa gafe dão a mesma resposta: "Uso esta calça porque é o único estilo que encontro quando vou às compras!" A calça skinny pode deixar você com até dois quilos a mais, portanto, aconselho usá-las apenas se puder lidar com esse peso extra. Se você trabalha num ambiente casual, combine-as com blusas ou casacos longos e botas na altura do joelho ou sapatos sem salto a fim de desviar o olhar para baixo, equilibrando o caimento justo. A peça funciona melhor em quem tem o tipo de corpo reto, nas curvilíneas ou de corpo em formato de pera confiantes que usam skinny por gostarem de exibir os quadris e as com corpo em formato de maçã que as usam apenas com túnica. Todas as outras, tenham cuidado! Continuem verificando as araras em busca de estilos que ficam melhor em você. É bastante comum ver mulheres que nem ligam tanto para moda sendo arrastadas para a tendência da vez.

Mas não tema! Às vezes aparece uma tendência fabulosa. O estilo preto e branco (seja em peças separadas, estampas, bolinhas ou listras) é fácil de montar com as peças que você já tem no seu armário e cai bem em quase todo mundo. Vale a pena esbanjar numa tendência como essa, mas não em

Como comprar sem ser bancado pela empresa 183

calças skinny, a menos que seja o caimento certo para o seu tipo de corpo. Fique de olho nas tendências da estação até encontrar o estilo e cor perfeitos para você. Quando uma tendência pegar, aprecie o benefício extra de vê-la surgir em todas as faixas de preço.

Prepare-se para ir às compras pelo menos uma vez por estação (a cada três meses) e gaste o suficiente para atualizar o guarda-roupa com três a sete peças novas. Estagiários devem gastar cerca de quinhentos reais e CEOs, cerca de 4.600 reais. Acrescente um pouco mais ao orçamento caso precise adquirir uma peça para impressionar ou estiver montando o guarda-roupa do zero.

Alerta de estilo: *Seja econômico. Leve cupons de desconto ou pergunte no caixa sobre descontos ou benefícios especiais.*

QUANDO ECONOMIZAR, GASTAR E ESBANJAR

Economize:
- Em peças que lhe caiam bem de fabricantes mais acessíveis
- Em peças excessivamente fashion ou de alguma modinha com data de validade
- Em peças coloridas para adicionar ao guarda-roupa
- Moças, economizem em: peças para usar em camadas, bijuterias, sobretudos ou capas de chuva e sapatos
- Rapazes, economizem em: acessórios, gravatas, meias e casacos

Gaste:
- Em peças que caiam bem naquelas áreas do corpo difíceis de vestir
- Nas roupas básicas

(Continua)

- Em peças de boa qualidade que as pessoas ao seu redor veem todos os dias
- Moças, gastem em: calças pretas, jeans escuros, terceiras peças, roupas modeladoras, produtos para os cabelos, pele e maquiagem
- Rapazes, gastem em: ternos, calças de alfaiataria, camisas sociais, itens de higiene, beleza e produtos para a pele

Esbanje:
- Quando encontrar o caimento perfeito e impossível de ser copiado
- Quando o seu guarda-roupa precisar de uma peça impressionante para complementar as roupas do dia a dia
- Quando você merecer
- Moças, esbanjem em: bolsas e sapatos de grife, joias, ternos e terceiras peças
- Rapazes, esbanjem em: capa para notebook ou valise, sapatos, jeans mais sofisticados e versáteis, roupas customizadas

É hora de ir às compras!

Você limpou o armário e identificou as lacunas no seu guarda-roupa. Depois, aprendeu diretrizes sobre caimento e estratégias para saber quando gastar e economizar. Agora, é hora de comprar! Encare isso como uma consulta médica e venha preparado. Faça o seu dever de casa, identificando os lugares certos para comprar (shopping center ou em sofisticadas lojas de grife sofisticadas), levando imagens encontradas na internet ou em revistas para servir de inspiração. Se for necessário, aprofunde a lista e defina objetivos específicos como "Hoje eu vou comprar duas terceiras peças" ou "Preciso de um terno e uma camisa social".

Reserve para isso de duas a três horas, sem interrupções. Deixe as crianças em casa e o celular no silencioso. Além disso, não vá às compras com fome: leve uma barrinha de cereal ou outro petisco que dê energia. E água, caso o ar no provador seja seco (algo que costuma acontecer em shoppings). Não encolha a barriga e nem fique na ponta dos pés quando estiver diante do espelho. Faça o que puder para controlar a situação para se sentir bem quando se olhar no espelho: leve sapatos adequados e roupas modeladoras

Com o comprar sem ser bancado pela empresa

para fazer com que a experiência de compra seja o mais realista possível. Se os saltos a fazem se sentir mais magra ou, ao contrário, você só fica confortável usando sapatos baixos, tenha-os à mão ou planeje comprar novos.

Com o mapa e lista de compras nas mãos, identifique as lojas certas ou o departamento dentro das lojas em questão. Comece procurando os itens da sua lista e, quando encontrar algum, pegue o modelo em dois manequins: o que você espera ter e o que provavelmente terá. Quantas vezes você experimentou algo no provador e precisou trocar por um número maior? Quando não há vendedor à vista, começa a bater a frustração, que pode facilmente levar ao abandono da sessão de compras. Seja pró-ativo e pegue dois ou até três tamanhos para facilitar.

Comece a experimentar peças e se olhe no espelho. Fique com as roupas por tempo suficiente para analisar a aparência e identificar o que gosta e o que não gosta. Tenha em mente que as roupas precisam esticar e nem todos os tamanhos são iguais. Se você estiver entre um manequim e outro numa peça específica, experimente várias do mesmo tamanho e dê um bom giro diante do espelho antes de decidir se a roupa é pequena demais. Se eu não estou no provador com os clientes, eles costumam tirar a peça antes de fechar o zíper porque fica apertado demais. Às vezes, eu me sinto uma personal trainer devido aos exercícios que oriento os clientes a fazer para caberem numa calça! Fazemos uma série de agachamentos e alongamentos antes de decidir se a peça é apertada demais. Esta é uma ótima dica tanto para homens quanto para mulheres, pois você reproduz os movimentos que faz na vida diária e geralmente eles esticam as roupas. Se mesmo assim a peça ainda não caiu bem, olhe para o espelho e use-o para ajudar a escolher roupas melhores. Se você começar a fazer a dancinha da felicidade, então sabe que encontrou um visual de ouro que vai deixá-lo empolgado para estrear no trabalho no dia seguinte.

Durante a sua peregrinação por diversas lojas, não tenha medo de fazer um intervalo. Uma paradinha para pensar pode ser uma boa ideia: tome um café, ligue para um amigo, resolva algo no shopping e depois volte. Caso precise de outra opinião, peça a um vendedor ou a outro cliente para tirar uma foto com o seu celular e mande por e-mail para um amigo. Mas no fim das contas, é melhor tomar o máximo de decisões possível na loja e evitar voltar várias vezes, algo cansativo e caro.

Tente comprar visuais completos em vez de peças isoladas que vão esperar companhia por muito tempo. Abra seu armário para ver quantas peças sofrem desse mal. Ainda há roupas penduradas com as etiquetas, que nunca foram usadas por não terem com o que combinar? Trace uma estratégia para suas roupas: saiba onde e quando irá usá-las de modo a aproveitar ao máximo o seu investimento e garantir que elas não vão acumular poeira. A menos que seja algo para uma ocasião especial, se você não usou uma peça até duas semanas depois de comprar, devolva ou obrigue-se a usá-la. Caso esteja comprando muitas roupas, tire fotos das combinações no provador para ajudá-la a se lembrar de todas em casa.

Compras com um especialista

Caso a simples ideia de fazer compras leve você a procurar um tranquilizante, pense em terceirizar esta atividade, contratando um especialista ou levando um amigo ou parente junto. O seu tempo é precioso e se esta comodidade estiver em falta, você pode trabalhar com um comprador ou estilista pessoal, um consultor de moda ou de imagem. Estas quatro funções sempre estão vinculadas e, dependendo de onde você mora, os nomes podem variar.

Numa determinada época, o comprador pessoal estava limitado a comprar em apenas um estabelecimento, geralmente por ser funcionário desta loja. O termo "estilista" foi emprestado de Hollywood e à princípio era usado para alguém que trabalhava com celebridades em sets de filmagens, tapetes vermelhos ou sessões de fotos para revistas. Já o consultor de moda vai ajudar você tanto em casa quanto nas lojas, representando a evolução do comprador pessoal, enquanto o consultor de imagem faz boa parte do trabalho do consultor de moda, avaliando também a sua presença executiva e a paleta de cores para preparar um esquema de estilo personalizado. Estes títulos são, ou deveriam ser, baseados no histórico e na carreira do especialista.

Cada vez mais pessoas comuns procuram auxílio em termos de estilo e a indústria se encheu de "especialistas" trabalhando em lojas ou como autônomos. O meu melhor conselho é: escolha o seu especialista como escolheria um terapeuta. Afinal, essa pessoa provavelmente verá você nu, tanto por dentro quanto por fora. Como acabará se formando um laço com essa pessoa, então esteja certo de que ela compreende mesmo os seus objetivos. Descubra se o consultor trabalha à base de comissão e procure referências de algum cliente dele. Um lembrete: quem está começando vai cobrar menos, mas os veteranos têm mais experiência (e já lidaram com mais biotipos). Não fique intimidado por um profissional de moda mais jovem ou mais "descolado". Não é preciso alguém que se vista como você, e sim uma pessoa confiante que entenda a sua mentalidade e o seu biotipo.

Se contratar um especialista está fora do seu orçamento, trabalhe com um comprador pessoal dentro da loja (este serviço é grátis e não exige compra mínima), algum vendedor talentoso ou leve um amigo, parente ou até colega de trabalho. Mas lembre-se de que há uma diferença entre comprar com outra pessoa e levar alguém cuja presença será útil. Caso esteja inseguro, não leve alguém mais magro ou com mais dinheiro que esteja comprando o mesmo que você (por exemplo, ambos precisam de calças para trabalhar). Tente trazer uma pessoa que lhe dê apoio em vez de julgar, seja divertida e dê uma opinião sincera. Na verdade, o mesmo conselho é válido se você contratar um especialista!

Estratégias de compra para o dia a dia

Para:	LaurenAmaComprar
De:	Piperlime@piperlime.com
Assunto:	20% de desconto em todo o site!

Todos adoram uma liquidação, mas é importante saber quais valem a pena. Afinal, as lojas têm diversos incentivos e vão dizer que você está fazendo uma boa compra praticamente todos os dias.

Primeiro inscreva-se para receber cupons de desconto da sua loja favorita. Os meus são enviados a uma conta de e-mail criada apenas para isso, assim minha caixa de e-mail pessoal não fica entupida. Depois, veja se a loja oferece alguma vantagem a clientes que interajam com ela via SMS, redes sociais ou aplicativos do celular. "Curtir" uma empresa no Facebook ou participar de uma promoção no Twitter pode render um desconto interessante. Por fim, assine os boletins oferecidos pelos seus varejistas favoritos para saber das últimas liquidações e promoções.

Alerta de estilo: *Seja um comprador inteligente, sempre em busca de promoções para as suas peças favoritas. Nos Estados Unidos, se você fez uma compra com o preço cheio e viu a peça em liquidação pouco tempo*

depois, basta levar a nota fiscal e várias lojas devolverão a diferença. Da mesma forma, muitos varejistas cobrem o preço do concorrente quando você leva o anúncio da outra loja.

Muitas pessoas adoram comprar nas prateleiras de liquidação e quase nunca levam algo com preço cheio. A natureza, os varejistas espertos e o desejo por algo novo faz com que voltemos a estas prateleiras a cada estação. Inevitavelmente, porém, elas estão cheias de peças isoladas e remarcações de fim de estação. Isso significa que saímos com grandes pechinchas (ou sobras) que só poderão ser usadas quando o clima mudar. Pode até ser bom para os planejadores mais antenados procurando os tesouros do ano seguinte ou que esperam ansiosamente para coletar as mercadorias do fim da estação, mas não é para todos!

Tasha é uma das várias mulheres que caem na rede das liquidações de fim de estação. Quando a encontrei pela primeira vez, fizemos a verificação do armário para ter uma noção do seu estilo. Embora comprasse o tempo todo, de alguma forma ela acreditava não ter nada para vestir. Analisamos o amor dela pelos cupons e criamos uma conta de e-mail para ajudá-la a se manter em dia com os descontos disponíveis. Também discutimos as necessidades dela em termos de estilo e orçamento, além de descobrir que a emoção sentida por Tasha ao encontrar uma grande pechincha interferia no desenvolvimento de sua imagem profissional. A lição mais importante aprendida no processo foi como comprar em lojas de acordo com o orçamento em vez de sempre procurar lojas onde apenas poderia comprar as peças em promoção.

Muitos compradores são como Tasha e se sentem pressionados a buscar peças básicas nas prateleiras de roupas em promoção (algo nada fácil de encontrar por lá). Geralmente cedemos e acabamos levando peças do tamanho ou da cor errada apenas pelo preço. Foi uma experiência surpreendente para Tasha ir a uma loja que jamais teria imaginado, mas onde realmente podia comprar tudo sem pensar duas vezes. Com isso, ela conseguiu gastar tempo, energia e dinheiro em roupas básicas para o trabalho e complementar com peças mais populares que estavam com desconto nos outlets.

A estratégia mais inteligente para comprar em promoções é manter sempre a lista à mão para não se distrair com os preços. Guarde as promoções para aquela folga no orçamento ou quando estiver procurando uma peça especial para complementar as roupas básicas e já bem-combinadas do seu

Como comprar sem ser bancado pela empresa

armário. Conheça vendedores ou compradores pessoais para obter informações quentes e ser avisado com antecedência dos melhores preços dos produtos que você deseja.

Comprar pela internet

É sem dúvida uma forma popular e que economiza tempo. Muitos sites de outlets têm estoques bem maiores que suas versões físicas, e cair nas liquidações-relâmpago durante a hora do almoço pode ser viciante. Se você não for um comprador virtual experiente, use a internet apenas para adquirir peças, acessórios ou outros itens de reposição que você experimentou na loja física e não estavam disponíveis no tamanho ou cor desejados. Já os caçadores fashion provavelmente vão correr atrás dos sapatos e bolsas de grife da última estação que não estão mais disponíveis nas lojas, mas ainda são fabulosos.

Se você tem um bom olho para comprar sem experimentar, fique atento às políticas de devolução e troca antes de finalizar a compra. Por outro lado, vários sites avisam se a peça está disponível na loja mais próxima, então esta é uma bela forma de experimentar a roupa antes de fechar negócio pela internet. Comprar on-line é tão fácil (especialmente com a compra rápida de um clique) que não é uma boa ideia fazer isso quando estiver chateado ou depois de algumas taças de vinho. Fazer compras é como beliscar entre as refeições: não vá ao mercado com fome e não compre quando precisar urgentemente de peças. Nos dois casos você pode acabar voltando para casa com algo de que não precisa ou gosta.

Sempre que comprar pela internet, procure cupons e códigos para conseguir frete grátis. Procure na própria loja em que está navegando e também verifique sites especializados em divulgar gratuitamente códigos de desconto. Crie alertas de preços e não deixe de comprar na Cyber Monday (o primeiro fim de semana depois do feriado norte-americano de Ação de Graças)[2] para conseguir grandes descontos, além de levar comprovações de preços na internet às lojas físicas para obter equivalências inesperadas de preços nos Estados Unidos.

---

[2] Algumas lojas virtuais americanas entregam no Brasil. [N. da E.]

Considerações finais

Às vezes, basta tirar alguns minutos para respirar um pouco de moda e perceber há quanto tempo você não saía para comprar. Meus clientes geralmente dizem que a parte mais relaxante do dia foram os 15 minutos antes das compras propriamente ditas, quando eles reservaram um tempo para sentar, apreciar uma xícara de café, responder e-mails pessoais e folhear uma revista ou catálogo da loja. Este pode ser um momento construtivo, pois abre sua mente para a criatividade em termos de estilo.

ONDE COMPRAR PEÇAS BÁSICAS PARA TRABALHAR

A escolha destas lojas se baseia no layout, apelo visual, disponibilidade de tamanhos, qualidade das mercadorias e facilidade de passar no caixa. As lojas de departamentos facilitam a compra de peças da cabeça aos pés em visuais que vão do formal ao casual corporativo. Já as lojas que fazem parte de cadeias são menores e menos intimidadoras, além de exporem roupas para trabalhar de uma forma bem-organizada, criando atmosfera fácil para as compras.

Comprar é o *meu* esporte favorito e estes lugares facilitam a aquisição das peças essenciais para usar no trabalho. Há também várias lojas sofisticadas independentes e lojas que vendem roupas customizadas nos Estados Unidos, então fique atento às opções mais perto de você.

Lojas de departamento
Orçamento alto
- Barneys (barneys.com)

(Continua)

- Bergdorf Goodman (bergdorfgoodman.com)
- Neiman Marcus (neimanmarcus.com)
- Saks Fifth Avenue (saksfifthavenue.com)

Orçamento moderado
- Bloomingdale's (bloomingdales.com)
- Dillard's (dillards.com)
- Lord & Taylor (lordandtaylor.com)
- Macy's (macys.com)
- Nordstrom (nordstrom.com)

Orçamento reduzido
- Belk (belk.com)
- Bon-Ton (bonton.com)
- JCPenney (jcpenney.com)
- Kohl's (kohls.com)
- Sears (sears.com)
- Target (target.com)
- Von Maur (vonmaur.com)
- Walmart (walmart.com)

Cadeias de lojas
Para homens e mulheres
- Banana Republic (bananarepublic.com)
- Benetton (benetton.com)
- BOSS Hugo Boss (hugoboss.com)
- Brooks Brothers (brooksbrothers.com)
- Club Monaco (clubmonaco.com)
- Elie Tahari (elietahari.com)
- Express (express.com)
- Forever 21 (forever21.com)
- H&M (hm.com/us)
- J. Crew (jcrew.com)
- Reiss (reiss.com/us)

(Continua)

- Theory (theory.com)
- The Limited (thelimited.com)
- Thomas Pink (us.thomaspink.com)
- Topshop (us.topshop.com)
- Zara (zara.com)

Apenas para mulheres
- Ann Taylor (anntaylor.com)
- Ann Taylor LOFT (loft.com)
- BCBGMAXAZRIA (bcbg.com)
- Karen Millen (us.karenmillen.com)
- New York and Company (nyandcompany.com)
- Talbots (talbots.com)
- White House | Black Market (whitehouseblackmarket.com)

Apenas para homens
- Bonobos (bonobos.com)
- Ermenegildo Zegna Boutique (zegna.com/us/)
- Jack Spade (jackspade.com)
- Jos. A. Bank (josbank.com)
- Men's Wearhouse (menswearhouse.com)
- Suit Supply (us.suitsupply.com)

Existe um monte de lugares para comprar exclusivamente pela internet. Encontre de cinco a sete principais sites em que consegue navegar e coloque-os nos favoritos. Os sites citados abaixo combinam bem com as recomendações de lojas físicas listadas aqui, fornecendo mercadorias exclusivas, várias faixas de preço e facilidade tanto no frete quanto nas políticas de devolução.

Apenas pela internet
- Zappos.com e Couture.Zappos.com (para homens e mulheres)
- Bluefly.com (para homens e mulheres)
- Asos.com (para homens e mulheres)
- NET A PORTER.com e TheOutnet.com (apenas para mulheres)
- Mrporter.com (apenas para homens)

10

A VIDA SOB OS HOLOFOTES

Todos nós sabemos que as celebridades no mundo do entretenimento têm consultores de estilo. E com razão: até ser fotografada numa tarde de sábado resolvendo tarefas do dia a dia faz parte do "branding" delas, pois sair nas páginas de alguma revista por causa do ótimo estilo pode render uma nova oportunidade publicitária. Trabalhar com um profissional deste tipo não é considerado luxo para elas; isso pode ajudá-las a subir na carreira.

O mesmo vale para outros grupos menos badalados que estão sob os holofotes: políticos, CEOs, profissionais de mídia, atletas, escritores e palestrantes motivacionais. A imagem destes profissionais pode afetar votos, vendas, avaliações, o desempenho público e a quantidade de palestras que fazem. Usar a cor certa, estar confortável o suficiente para apertar milhares de mãos, identificar as roupas que são fortes tanto na frente das câmeras quanto longe delas e se vestir para sentar num sofá ou ficar atrás de um pódio pode deixar figuras públicas e profissionais bem à frente da concorrência.

Assim que algo dá errado (ou se transforma em viral), os VIPs têm uma equipe de agentes de plantão para gerenciar a crise. Mas isso não vale apenas para as celebridades: todos nós precisamos estar conscientes e proteger o nosso status e imagem com inteligência, dentro e fora da internet.

Dicas para gerenciar o seu perfil de estilo na internet

No mundo digital de hoje, a vida é um palco público e os funcionários estão em exibição tanto durante o expediente quanto pela internet. Recrutadores e funcionários constantemente recorrem à internet para pesquisar candidatos em potencial, portanto é importantíssimo gerenciar o seu currículo visual na internet. Pense nos seus perfis, especialmente no LinkedIn, Twitter, Facebook e Google+, além de fóruns públicos que colegas e clientes podem investigar.

Todo mundo é uma celebridade na internet! As redes sociais imortalizam não só o indivíduo, mas também a roupa que ele veste. Se você aprimorar o sorriso com um toque de maquiagem, sua foto no LinkedIn pode render uma entrevista. Ou então coloque um cinto no vestido e veja dois quilos

A vida sob os holofotes

sumirem do seu corpo na foto com o pessoal da empresa. Uma fotografia estranha e antiquada vai fazer você parecer (e se sentir) velho. Assim como acontece na vida real, a imagem virtual importa na internet. Não seja ignorado por eventuais clientes, mantenha a sua presença virtual atualizada e estilosa. Pratique as poses que valorizem os seus pontos fortes e invista para obter uma foto de rosto bem-sucedida ou pelo menos um retrato decente.

Seja proativo ao gerenciar a sua imagem publicando apenas as fotos que passem uma imagem organizada e profissional e fique de olho em imagem suas publicadas ou marcadas por outros. Imagine que estas fotos serão vistas por colegas de trabalho e vire o seu próprio especialista em relações-públicas.

Cada rede social se concentra num grupo de pessoas diferente, e as que são mais voltadas para o lado profissional, como o LinkedIn, devem vir acompanhadas de uma fotografia profissional. Se você está procurando um emprego e espera ser levado a sério, recortar o rosto de uma foto na balada não vai funcionar.

Nas fotografias do Facebook e em todos os outros lugares na internet (dê um Google em si mesmo para verificar), use roupas variadas. As mulheres podem se orientar pelos meios de comunicação e pelo estilo de líderes políticos, como Michelle Obama e a duquesa de Cambridge Kate Middleton, e trocar os acessórios para renovar um visual. Você pode ser considerada inteligente em termos econômicos quando repete trajes com um novo estilo, apenas evite usar exatamente o mesmo visual em todas as fotos. Desenvolva um estilo que seja sua marca registrada e sempre tente parecer *você*.

Mesmo se já tiver o emprego dos seus sonhos, leve a sessão de fotos a sério. Pense em como você quer ver a sua foto de rosto sendo utilizada e o que diz o código de vestimenta da sua profissão. Esta foto será a sua principal representação na internet para os clientes (tanto atuais quanto potenciais), colegas que moram em outra cidade, meios de comunicação, funcionários ou quaisquer organizações a que você escolha se afiliar. Queridas, para parecer uma celebridade, faça o cabelo e a maquiagem no dia da foto. Não precisa exagerar, basta marcar o corte de cabelo de sempre ou apenas uma escova. Visite o seu maquiador favorito no balcão da loja ou chame alguém para ir a sua casa. Lembre-se: você quer parecer autêntica e natural. O cabelo e a maquiagem ajudam a passar esta mensagem. No mínimo, faça o melhor para domar cabelos desgrenhados e com frizz e use um pouco de batom para dar um toque a mais.

Quanto às roupas, cores fortes e uniformes são melhores opções para fotos de rosto. O enquadramento é crucial: lembre-se de que as pessoas provavelmente vão ver você apenas do peito para cima. O cabelo e o rosto devem receber o máximo de atenção, seguidos pelo decote, acessórios e, por fim, as roupas. Se você trabalha num ambiente formal corporativo, tente não ser fotografado em roupas sem mangas, embora este possa ser o padrão em outras áreas profissionais que não sigam este código de vestimenta.

Usar vestido tubinho com um colar ousado e brincos do tipo stud ou então uma terceira peça poderosa com um colar ou brincos estilosos podem transmitir força. Experimente vários acessórios e leve duas a três mudas de roupa. Olhe-se no espelho do banheiro (esta é a única vez em que aconselho olhar para você apenas da cintura para cima) e brinque com o visual até ganhar confiança.

Rapazes, cortem o cabelo de três a cinco dias antes da foto e façam a sua rotina de higiene e beleza logo antes da sessão. Se você não pretende atualizar a foto regularmente, vista-se de modo mais elegante em vez de casual para que o foto não fique desatualizada em um curto prazo. Além disso, leve algumas mudas de roupas. Dependendo do seu código de vestimenta e necessidade de ser versátil, tire fotos usando paletó e gravata, apenas camisa e gravata e depois uma camisa social para um visual mais descontraído. Se você preferir usar cores uniformes, a camisa branca se destaca bem no fundo cinza tradicional de uma foto de rosto e gravatas ousadas são fáceis de combinar. Para os mais afeitos às modas, misture estampas e listras, mas faça de tudo para não sobrecarregar os olhos alheios com muitas estampas.

Se você não precisar usar óculos sempre, tire fotos com e sem eles. Caso seja autônomo e esteja fazendo as fotos para o seu site, além de uma foto de rosto simples, dê-se ao luxo de trocar de roupa e vista-se tanto de modo elegante como casual para atingir públicos diferentes. Lembre-se de que ao passar da foto de rosto ao retrato, o ângulo de câmera se alarga e mostra mais do seu visual. Portanto, verifique se as roupas caem bem e evite peças largas. As mulheres devem arrasar usando cintos, colares ousados e saltos para ajudar a realçar as formas, enquanto homens devem utilizar as cores para chamar a atenção. Para garantir uma sessão de fotos harmoniosa, use roupas que funcionem tanto para fotos em que você esteja sentado quanto simulando movimento.

Para levar uma vida de sucesso nos holofotes virtuais, mantenha a sua identidade visual consistente na internet. Use as mesmas fotos em várias redes profissionais e atualize-as depois de alguns anos. Siga estas dicas e, como qualquer VIP, você será instantaneamente reconhecido por onde passar.

Como elaborar a sua persona pública

Adoro fazer as malas de clientes para viagens de negócios. É a única vez em que posso controlar (quase) tudo o que eles vestem! Procurar o que vestir na sua mala pode ser libertador, pois as opções são muito mais limitadas do que no armário. Quando faço as malas para clientes eu monto visuais, tiro fotos e mostro exatamente como misturar e combinar tudo.

Claro que, embora eu possa acompanhar os meus clientes nas compras ou fazê-las para eles, certamente não posso obrigá-los a usar exatamente as combinações que escolhi. Sou mais orientadora de estilo do que um carrasco da moda. Nem todos os meus clientes desejam estar na lista dos mais bem-vestidos, eles querem apenas ser levados a sério. E as roupas compõem uma parte importante da imagem, embora estejam longe de ser o único fator em jogo.

Victoria era uma política que me contratou para ajudar em sua campanha de reeleição. Ela estava enfrentando uma batalha difícil e tinha a necessidade de renovar a imagem como um todo. Como Victoria tinha herdado o cargo, sentia que precisava provar sua capacidade para mantê-lo, por isso trabalhamos em táticas simples de linguagem corporal, com foco na postura. Mãe de três filhos, ela estava acostumada a se inclinar de um jeito que eu chamo de "modo cuidador". Eu a ensinei a encolher a barriga (exercícios de Kegel são uma boa adição a este truque), endireitar as costas e jogar os ombros para trás. Magicamente, ela cresceu cinco centímetros.

Boa postura e sorriso amigável são ferramentas grátis e eficazes no seu arsenal. Faça com que alguém grave um vídeo curto de você sentando-se à mesa do escritório ou liderando uma reunião numa sala de conferências e observe a posição dos seus ombros e da barriga. Os ombros estão curvados em vez de alinhados? A barriga está proeminente em vez de flexionada? Muitos de nós somos tão relaxados nos movimentos que não prestamos muita atenção ao que o corpo está dizendo. Sem dúvida é um hábito difícil de corrigir, mas será facilmente notado pela sua plateia. Imagine uma presidente ou general que lidere com ombros curvados ou andar inseguro. Ela não seria muito bem-sucedida para arregimentar as tropas! A melhor forma de saber se você tem boa postura e presença é sentir. Se você tem consciência de se sentar e andar ereto, além de flexionar os músculos, está no caminho certo.

Acompanhei o desempenho de Victoria de aparições na televisão a carreatas, onde a observei em ação. Esta mulher comum precisava ter uma presença imponente enquanto conquistava o coração de muitos. Ela tinha que ser acessível e ao mesmo tempo se destacar. Comprei as peças ideais para isso e trabalhei com estilistas e alfaiates para criar toques singulares adequados a uma postulante a cargo público. Victoria precisava de bolsos na roupa, mas não de volume nos quadris. Escolhas de vestuário que não amassam e são fáceis de guardar na mala eram essenciais (assim como levar um bom ferro a vapor). Usar roupas confortáveis e que dessem mobilidade também eram importantes nessa situação. Em "Pollywood", ao contrário de Hollywood, as pessoas podem facilmente usar a mesma roupa durante 12 horas antes de conseguirem se trocar. Por isso, monto visuais e acessórios que podem ser usados em camadas ao longo do dia e combinados com sapatos confortáveis e estilosos.

O desafio de Victoria era se conectar ao seu público. Mulher de manequim médio (42), que tinha uma preferência pelo uso de estampas de parar o trânsito em vez das roupas monocromáticas, e que emagrecem, usadas pelos líderes, ela perdia a oportunidade de chamar a atenção de todos com sua mensagem. Ao vestir uma paleta de cores elegante e monocromática, estimula-se a plateia a manter o foco em você e na sua mensagem. Por exemplo, âncoras de telejornal bem-sucedidos usam apenas uma cor uniforme na televisão em vez de estampas. O mesmo vale ao falar para grandes grupos: você deve se esforçar para ser o ponto de exclamação, não uma frase incompleta.

Durante a campanha feita na primavera, Victoria descobriu que seus trajes favoritos eram vestidos tubinho em cores chamativas como fúcsia, laranja sorbet, azul céu e verde kelly com casacos combinando ou de mesmo tom ou cardigãs mais curtos e cinto. O estilo marcante da Victoria começou a surgir e não só chamou a atenção de todos como também refletia o estilo político dela: ousado, moderno e conciso.

As cores podem inspirar emoções e envolver o público. Joey era um palestrante motivacional que escrevia livros incríveis e tinha uma voz cativante, mas na frente das câmeras ou no palco lhe faltava presença. Ele preferia tons de terra desalinhados, fazendo com que a aparência nunca fosse tão elegante quanto a sua mensagem. O mesmo valia para Lucia, especialista em saúde que costumava aparecer em telejornais. Quando começamos a trabalhar, nossa primeira reunião foi no camarim do estúdio de um dos telejornais em que ela costumava aparecer. Pronta para entrar no ar, Lucia usava roupas que não lhe favoreciam: largas, desmazeladas e sem nenhum estilo. Às vezes, o melhor que se podia fazer era ajeitar o colarinho e apertar o cinto no vestido!

Usei os mesmos tutoriais para dar tanto à Lucia quanto ao Joey uma aula de cores. Não uso a ciência para determinar as melhores cores (ou caimentos), apenas deixo você ciente do que funciona com o seu tom de pele, corpo e ambiente. Por exemplo, usar azul dá um tom pacífico, acalma as pessoas e as estimula a confiar em você: é uma ótima cor para falar de algo polêmico. Já o vermelho, cor de fogo, é bom para assuntos ousados e projeta confiança. Lições sobre cores e caimento são fundamentais para quem tem vida pública. A câmera e o palco engordam e tiram um pouco da sua vitalidade, portanto é fundamental que suas roupas trabalhem a seu favor e não contra você.

A etiqueta dos holofotes

Se você não tem uma comitiva ao seu redor para ajudar no caso de emergência fashion, pode ser difícil saber como agir. Na verdade, a etiqueta das aparições públicas pode ser confusa para muitos. Uma das questões mais comuns nos meses de verão é ajudar os homens a continuarem estilosos no calor. É surpreendente ver quantos secam o suor do rosto com as mãos. Vejo muitos homens fazendo isso ao vivo na televisão! Este hábito não só é desagradável e pouco higiênico, como passa a impressão de que a pessoa está mentindo ou nervosa, mas pode ser facilmente remediado com um simples lenço no bolso de trás da calça. Costumo dar de presente aos clientes lencinhos com monogramas para incentivá-los a ter o hábito correto.

Você já chegou perto de alguém numa festa para avisar que a pessoa tinha batom ou algo no dente? Se você for uma pessoa VIP, há grande probabilidade de ter um assistente ou assessor pessoal cujo trabalho inclui estas questões pessoais. Todos os outros seres humanos precisam aprender os truques para gerenciar a própria imagem! Se você costuma ficar com comida nos dentes, ande com um espelho pequeno e dê uma olhada discreta para conferir se está tudo bem.

Alerta de estilo: *Se estiver tudo bem para o seu grupo usar aparelhos tecnológicos durante as refeições, e os celulares estão na mesa, finja que está checando os e-mails e coloque o celular no modo câmera. Banque o "007" e mude a direção da câmera para o seu rosto para que sirva de espelho. Voilà!*

Mesmo as profissões públicas menos sofisticadas precisam de todos esses truques de imagem, pois quem tem os melhores óculos (que evitam acrescentar rugas ou brilhos), penteados (discretos), maquiagem (natural e impecável), formando um estilo que é sua marca registrada sempre estará entre os mais bem-sucedidos. Estas pessoas não entram no estúdio de televisão ou falam em público sem verificar se está tudo bem com a aparência várias vezes. Até um fio de cabelo fora do lugar pode distrair a atenção quando todos os olhos estarão neles por um longo período de tempo.

Mas não são apenas os VIPs que devem aprender a dominar uma sala e ter confiança na própria imagem. Estagiários precisam saber a beleza de um aperto de mão firme, e políticos, o segredo de um bom meio-abraço. É uma habilidade prática saber cumprimentar as pessoas de modo adequado e não parecer inquieto, movimentando-se o tempo todo. Preste atenção aos jornalistas e celebridades que aparecem na televisão. Eles raramente tocam o próprio rosto ou cabelo enquanto estão no palco ou trabalhando. Independente de ser mãe, pai, solteiro ou casado e não importa se trabalha na mídia, numa empresa de tecnologia, governo, área financeira, jurídica, científica ou qualquer outra, você quer ser o melhor no que faz.

Vestir-se por direito adquirido

"Vestir-se por direito adquirido" é uma expressão que criei para pessoas bem-sucedidas que *não* se vestem para impressionar alguém. Elas aparecem em reuniões com roupas mais casuais do que as de todo mundo, deliberadamente, e vivem de acordo com a própria e peculiar interpretação dos códigos de vestimenta. Esses indivíduos podem ser consultores ou sócios usando trajes casuais enquanto outros estão de terno, ou integrantes do Congresso e políticos eleitos adeptos de jeans, chapéus ou botas de caubói quando ninguém mais faz isso (e nem deveria). Eles não são estilosos nem desmazelados, apenas usam a antiguidade no posto de modo confiante para provar que não precisam seguir as regras.

Pense cuidadosamente no quanto você quer ser percebido como líder. A maior parte dos CEOs nem sonharia em se vestir de modo mais casual, a menos que estivesse de acordo com a cultura da empresa. Embora um estilo casual ou descontraído possa funcionar para quem é confiante, dá um mau exemplo para qualquer outra pessoa da equipe. Criar um estilo que seja a marca registrada é sempre um escolha bem-sucedida, mas não adote um visual que o isole dos outros, a menos que você seja uma estrela do estilo iluminando o ambiente. Ao se vestir como se tivesse um direito adquirido, você está basicamente dizendo que as regras não se aplicam a você.

Considerações finais

Agora você sabe que o estilo é importante. A sua imagem não precisa mudar da noite para o dia, dê um passo de cada vez. Olhe para sua imagem no espelho e pergunte verdadeiramente quantos elementos da sua imagem estão em suas mãos. Nem sempre é possível mexer na aparência física ou no seu orçamento, mas o estilo das roupas que compra, o tipo de maquiagem que usa, a forma de arrumar o cabelo é responsabilidade sua (e de mais ninguém).

Abra o seu armário e olhe lá dentro. Limpe-o. Identifique as eventuais lacunas no guarda-roupa e faça a sua lista de compras. Agende um tempo para você e assuma o compromisso de ser dono da sua imagem.

Se você ficar perdido ou confuso ao criar a sua persona profissional, encontre uma musa ou muso. Identifique um mentor de estilo, amigo, parente, blogueiro de moda ou personagem de televisão cuja aparência você considere profissional (como Alicia Florrick e Diane Lockhart em *The Good Wife*, Neal Caffrey em *White Collar* ou Don Draper em *Mad Men*). Salve sites nos favoritos, recorte visuais de catálogos ou revistas ou pegue a *Bíblia do estilo* e comece a estudar. Explore e ajuste a sua imagem ideal até sentir confiança o suficiente para conseguir o emprego ou qualquer outro objetivo que deseje!

KIT DE REPAROS DA ESPECIALISTA EM ESTILO LAUREN

Gosto de ter estes materiais básicos à mão para qualquer emergência fashion de última hora na empresa (ou no armário):

- Esponja removedora de desodorante da marca Hollywood: Use-a para tirar manchas de desodorante ou maquiagem das suas roupas.
- Fita dupla-face: Resolva aberturas na blusa, faixas que não ficam no lugar ou bainhas que descosturam no último minuto.
- Pequeno kit de costura: Conserte imediatamente um botão, pequeno rasgo ou furo. Além disso, tenha à mão um estoque de alfinetes de segurança para fazer ajustes de última hora, se necessário.
- Extensor de colar Clever Clasp: Esta maravilha magnética aumenta imediatamente o comprimento de qualquer colar e vem em tons prateados ou dourados, em vários tamanhos.
- Palmilhas e bastões para aliviar bolhas: Um longo dia andando pela passarela do escritório pode causar dores nos pés. Não recuse os convites para um drinque depois do trabalho porque os seus pés estão cansados.
- Galochas para viagem: Proteja os sapatos caso tenha uma reunião de última hora com clientes num dia chuvoso. Os modelos das marcas Shuella e Swims, por serem dobráveis, ocupam pouco espaço na bolsa e são fáceis de carregar.
- Escova para sapato, spray protetor e rejuvenescedor para acessórios de camurça e uma esponja Kiwi para lustrar sapatos de couro: Tudo para embelezar os sapatos antes de um grande evento.
- Caneta tira-manchas Tide To-Go: Acabe com a mancha antes que ela vire permanente.
- Papa-bolinhas: Remova pelos de animais ou bolinhas indesejadas do suéter.
- Static Guard: Este spray controla tanto o frizz e os fios desgrenhados no cabelo, quanto a estática nas roupas.

(*Continua*)

A vida sob os holofotes

- Rímel para os cabelos: Pareça jovem em minutos e disfarce os fios grisalhos caso não tenha dado tempo de correr para o salão.
- Hidratante para as mãos: Muitas pessoas falam com as mãos, por isso é importante manter as suas sempre limpas e hidratadas.
- Lixa, lápis branco da marca Sally Hansen (para intensificar a francesinha ou clarear as pontas das unhas) e esmaltes: Dê um trato rápido e fácil nas unhas.
- Aquaphor: Use esta pomada para reparar e dar brilho instantâneo nos lábios, além de tratar pequenos cortes.
- Barra de cereais: Esteja preparado para o caso de perder uma refeição (ou duas).
- Pastilhas de hortelã: Você conseguiu o visual perfeito. Não perca o cliente na hora do "oi".

AGRADECIMENTOS

Em primeiro lugar, obrigada a todos os homens e mulheres que me convidaram a conhecer seus armários e me seguiram até os provadores das lojas. Escrever um livro sobre o que usar para trabalhar não seria possível sem as várias empresas que gentilmente me receberam em seus escritórios. Sinto uma gratidão especial pela comunidade varejista por sempre oferecer um refúgio para a terapia das compras e manter as lojas abertas várias horas nos feriados a cada ano (eles são simplesmente o máximo!)

Agradeço ao meu agente Ron Goldfarb e seu sócio Gerrie Sturman, as minhas editoras Erika Heilman e Jill Friedlander da Bibliomotion e aos publicitários Kaila Nickel e Rusty Shelton. Faço agradecimentos especiais a estes mágicos criativos e visionários: a ilustradora do livro Kristina Hultkrantz, a designer gráfica e de web Johanna Guevara-Smiley, a fotógrafa Rashmi Pappu e os cineastas Othello Banachi e Justin French.

Sou grata de todo coração à equipe do Styleauteur: as especialistas em mídias sociais Stephanie Klejst e Sonia Gaillis-Delepine; meu talentoso esquadrão do glamour: Nuri Yurt, Yaneek Proctor e Blanton Brown; e a minha equipe financeira surtada: Dannette Wolf e George Woglom. Agradeço também às extraordinárias editoras Jill Schoenhaut, Caroline Schweiter, Alison Carroll e Andrea Tecce pelas contribuições e conhecimentos que ajudaram a fazer deste livro um sucesso.

Quero agradecer ainda aos meus amigos nos meios de comunicação que apoiaram o meu trabalho desde o início e continuam a me colocar na frente de uma câmera ou me entrevistar para alguma matéria jornalística. Sou grata às equipes da CNN en Español e do Entertainment Tonight por continuarem a usar declarações minhas no ar. Mando um agradecimento especial ao Ryan Grim do *Huffington Post* por me ajudar a desenvolver a coluna "Fashion Whip" e à família do *Let's Talk Live* em Washington: as talentosas e incríveis produtoras Alison Kenworthy, AnnaMaria Di Pietro e Laura Chavez e as apresentadoras Natasha Barrett e Melanie Hastings, que sempre me deram um apoio incomensurável e vêm me colocando no programa uma vez por mês desde 2009.

Dou muito valor às minhas experiências profissionais, pois me ensinaram várias lições importantes. Os estágios foram uma verdadeira benção e sou grata à revista *Elle*, à MTV Networks e à Câmara dos Deputados dos Estados Unidos. Agradeço também à BrainReserve da Faith Popcorn por me dar um treinamento em previsão de tendências equivalente a um mestrado e à Nordstrom e Saks Fifth Avenue pelas lições fundamentais de atendimento ao cliente.

Agradeço aos meus amigos de toda a vida pelas conversas inspiradoras, apoio moral e por me ajudar a manter a sanidade enquanto escrevia: Silvana Garcia, Mindy Wright, Debbie Jones, Christy Boullon, Elizan Garcia, Samantha Durso, Naima Jefferson, Irene Jones e Sarah Boyd. E um agradecimento especial vai para Danielle Loevin pela sua coragem em deixar que eu compartilhasse a nossa história e para Ella McManus por estimular as minhas ideias desde que nos conhecemos. Também sou grata aos meus divulgadores do Facebook, Twitter e LinkedIn: vocês ajudam a divulgar a *Bíblia do estilo* diariamente!

Além disso, minha agenda (e carreira) louca de escritora não seria tão bem-sucedida sem o apoio carinhoso da minha incrível família. Muito obrigada aos meus pais por trabalharem tanto para me dar todas as oportunidades e ajudarem a formar o meu amor por saltos e por "ter uma boa aparência pagando menos" desde a infância. Pai, o seu feedback detalhado, bem como sua energia e empolgação infinitas em todas as etapas do caminho são contagiosas. Mami, você me ensinou a amar a moda e o estilo e a ajudar os outros sem julgamentos ou reservas. Aos meus parentes estilosos Steve e Marlene Gerbsman: o seu apoio inabalável desde quando os conheci em Colby usando coletes da North Face que combinavam é mais importante, para mim do que vocês imaginam. Steve, muito obrigada por permitir que eu continue sendo sua consultora de estilo, e Marlene, você é uma mentora tanto em termos de mulher bem-vestida quanto como mãe.

É preciso uma aldeia para criar uma família e a minha não estaria completa sem a ajuda de Susana Muñoz: *gracias por cuidar nuestra família como si fuera la tuya*. Meu filho, Judah: fico muito feliz por você ter herdado o meu amor pela moda, e nossos intervalos diários para praticar a coreografia de "Gangnam Style" eram o destaque dos longos dias que passei escrevendo este livro. Por fim, minhas mais profundas e sinceras *gracias* ao meu querido *guapo*, Jason. Dezoito anos juntos não são o bastante. Você é o meu norte. Não há palavras suficientes no dicionário para agradecê-lo.

SOBRE A AUTORA

Lauren A. Rothman, fundadora do Styleauteur (www.styleauteur.com) é especialista em moda, estilo e tendências. Uma das consultoras de estilo mais procuradas do país, ajuda a criar códigos de vestimenta para várias empresas que estão na lista das quinhentas maiores da revista *Fortune*. Também foi responsável tanto por visuais famosos ao longo de campanhas políticas quanto por estilos sutis que entraram nos salões da Suprema Corte e nas primeiras fileiras do Jantar de Correspondentes da Casa Branca.

Lauren adora trabalhar com militares de ambos os sexos de volta ao país após terem servido no exterior e também deu consultoria a generais de quatro estrelas no Pentágono sobre roupas civis para serem usadas no mercado de trabalho. O seu mantra destaca que se vestir vai muito além das roupas: é uma questão de quem você realmente é e da imagem que deseja projetar. Ela mantém um serviço de terapia de imagem, trabalhando com pessoas físicas e jurídicas a fim de aumentar o quociente de estilo.

Caçadora de tendências e especialista em moda, sabe o que está acontecendo nesse mundo fashion, pois verifica armários por todos os Estados Unidos e discute sobre presença executiva, estilo na política e moda da primeira-família norte-americana em programas, canais de TV e agências de notícias. Muito requisitada como palestrante e comentarista de moda do Vale do Silício até Nova York, suas dicas sobre gerenciamento de guarda-roupa e criação de um armário versátil e moderno apareceram em revistas, jornais e sites como *Glamour*, *Real Simple*, *People StyleWatch*, *The Washington Post*, *The New York Post*, *Politico* e Oprah.com, além das rádios NPR e SiriusXM. Ela também fala de presença executiva e estilo na política em sua coluna "Fashion Whip" do *Huffington Post*.

Lauren começou como estagiária na revista *Elle* e sua vasta experiência inclui cargos de caçadora de tendências na BrainReserve da Faith Popcorn e consultora de moda na Nordstrom e Saks Fifth Avenue. Mora com o marido, o filho e um dogue de Bordeaux com unhas pintadas de rosa em McLean, Virginia, Estados Unidos.

Este livro foi composto na tipologia Fairfield LH, em corpo 11/14, e impresso em papel off-set 90g/m^2, na Lis Gráfica e Editora.